アクション！フランス語A1

ヨーロッパ言語共通参照枠（CEFR）準拠

根木昭英＋野澤 督＋
ヴェスィエール ジョルジュ 著

音声ダウンロード)))

白水社

Action !

Akihide NEGI
Atsushi NOZAWA
Georges VEYSSIÈRE

本書の音声は白水社ホームページからダウンロードすることができます。

https://www.hakusuisha.co.jp/book/b563825.html

装丁　古屋真樹（志岐デザイン事務所）
本文デザイン　九鬼浩子（株式会社スタジオプレス）
イラスト　瀬川尚志
ナレーション　Georges VEYSSIÈRE
　　　　　　　Léna GIUNTA

はじめに

　いま、このページをお読みになっているみなさんは、フランス語の学習になんらかの関心を持っていることでしょう。そして、本書を手にするとき、表紙に大きく書かれている「A1」の文字に気づかれたかと思います。本書はフランス語を学び始めた人を対象に書かれています。そのレベル設定の目安として、欧州評議会の「ヨーロッパ言語共通参照枠」（CEFR（英）、CECR（仏）と略されます）の考え方と、そこで定められているA1レベルを参照しています。

　CEFRとは、簡単に言うと、学習していることばを使ってできることを、A1からC2の6段階に分けて記述している参照枠のことです。DELFやTCFといったフランス政府公認のフランス語検定試験はこれに基づいてレベル分けされていますから、耳にしたことがある方も多いでしょう。A1レベルはその第一段階で、自分や身近な人、日常生活に関する情報を平易な言葉であれば理解でき、こうしたテーマについて簡単にやりとりできるレベルに相当します。CEFRはその名が示すとおり、ヨーロッパを対象にしているものですが、ことばを使って何かができるようになるという目標は、日本でフランス語を学習するみなさんにも共通していると思います。

　したがって、本書の各課において、A1レベルに見合った特定のテーマや状況が設定されています。本書の狙いは、それに関連する語彙・表現、文法の知識を深めていきながら、具体的にフランス語で何かをできるようになる力を獲得してもらうことにあります。ひとつの課を学習すれば、たとえば「誘う」や「好き嫌いを言う」といったように、何かをできる、つまりアクションを起こすことができるようになっています。本書のタイトル「アクション！」には、フランス語を使って行動することをみなさんに目指してほしいという著者らの期待が込められています。

　みなさんはフランス語を使う社会の中のacteur、actriceとして、すでに舞台に立っています。フランス語を使ってアクションしましょう！

　さあ、あなたの出番です！ Maintenant, c'est à vous !

著者一同

目次

本書の使い方

　本書は、フランス語を初めて学ぶ人にも、すでに学んだことがある人にも使っていただけるように作られています。フランス語初学者は、1課から順番に進めていくことで、フランス語の運用能力を基礎から学んでいくことができます。すでにフランス語を学習したことがある人は、練習問題帳や簡易的な基礎文法参考書として、既習事項を確認・復習することができます。

各課の構成

　各課は、❶語彙、❷リスニング、❸文法確認、❹練習問題、❺応用問題の5部構成になっています。

　各課の冒頭には学習目標（「～できる」）が示されているので、学習内容や学習目標の確認をしてください。課の学習を終えたときに、目標が達成できているか確認してみましょう。

❶ *Vocabulaire*「単語・表現を覚えよう」

　各課のテーマに関係する語彙や表現を学ぶページ。提示されているフランス語で書かれた資料やイメージを読んだり、見たりしながら、語彙や表現を覚えましょう。すべてを理解しようとせず、まずは必要な情報を読み取ることを目指しましょう。

❷ *Dialogue*「会話の内容を理解しよう」

　会話やメールのやりとりを使って、聞く力や読む力を鍛えるページ。A1レベルに対応させながらも、自然なフランス語の言い回しを意識して作られたやりとりを理解する練習をします。

　ページ下には内容の理解を助ける **Note** がつけられていますのでヒントにしてください。

❸ *Grammaire*
「文法と表現を確認しよう」

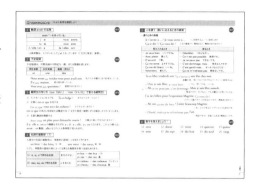

　各課で登場する文法や表現がまとめられているページ。設定されているテーマや状況で必要となってくる文法項目を選んでいます。A1 レベル相当の文法や会話表現を整理しましょう。

　ページの最後には数字を学習するコーナーがあります。しっかりと覚えましょう。

❹ *Exercices*「練習しよう」

　学習してきた語彙・表現や文法を練習するページ。反復練習をして、学習したことを自分のものにしましょう。次の応用問題へ取り組むための大事なステップになります。何回も練習してください。

　練習問題で使われている語彙や表現は、なるべくその課で設定されているテーマに関連づけられています。ドリルを行いながら、語彙・表現の幅を広げていきましょう。

❺ *À vous !*「覚えたことを使って表現しよう」

　学習してきたことを応用して、フランス語で産出活動を行うページ。各課の学習のまとめとしてチャレンジしましょう。問題では、日常生活で遭遇し得る具体的かつさまざまな状況が設定されています。場面をよく理解して、フランス語を書いたり、話したりしてください。ヒントは❶から❹のパートにあります。復習しながら取り組みましょう。

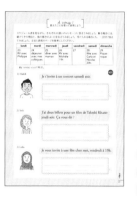

　A1 レベルのフランス語の運用能力を獲得するために本書を使って、繰り返しフランス語学習をしてください。そのときは当初より資料を詳しく理解したり、ダイアログを正確に聞き取ったりできることでしょう。本書の最後にある解答ページには、模範解答や日本語訳が掲載されていますので、学習のヒントとして活用してください。

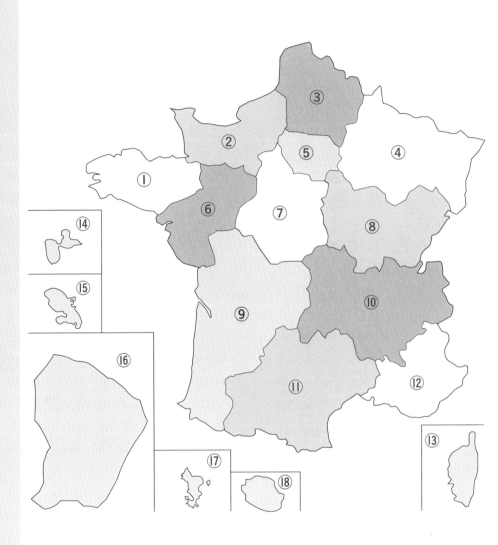

フランスは、13 の本土地域圏と 5 つの海外地域圏からなる、18 の地域圏に分かれています。

本土地域圏

① Bretagne
② Normandie
③ Hauts-de-France
④ Grand Est
⑤ Île-de-France
⑥ Pays de la Loire
⑦ Centre-Val de Loire
⑧ Bourgogne-Franche-Comté
⑨ Nouvelle-Aquitaine
⑩ Auvergne-Rhône-Alpes
⑪ Occitanie
⑫ Provence-Alpes-Côte d'Azur
⑬ Corse

海外地域圏

⑭ Guadeloupe
⑮ Martinique
⑯ Guyane
⑰ Mayotte
⑱ La Réunion

フランスの地域圏

文字と発音

1 アルファベ

A a	[a]	H h	[aʃ]	O o	[o]	V v	[ve]
B b	[be]	I i	[i]	P p	[pe]	W w	[dubləve]
C c	[se]	J j	[ʒi]	Q q	[ky]	X x	[iks]
D d	[de]	K k	[ka]	R r	[εr]	Y y	[igrεk]
E e	[ə]	L l	[εl]	S s	[εs]	Z z	[zεd]
F f	[εf]	M m	[εm]	T t	[te]		
G g	[ʒe]	N n	[εn]	U u	[y]		

2 綴り字と発音

1）単母音字

a, à, â	[a] [ɑ]	avocat [avɔka]　pâtissier [pɑtisje]
e	[ə] [e] [ε]	chemise [ʃ(ə)miz]　nez [ne]　estomac [εstɔma]
é	[e]	préférer [prefere]
è	[ε]	père [pεr]
i, î, y	[i]	jeudi [ʒødi]　dîner [dine]　stylo [stilo]
o, ô	[ɔ] [o]	pomme [pɔm]　tôt [to]
u, û	[y]	jupe [ʒyp]

2）複母音字

ai, ei	[e] [ε]	j'ai [ʒe(ʒε)]　japonais [ʒapɔnε]　neige [nεʒ]
eu, œu	[ø][œ]	cheveu [ʃ(ə)vø]　sœur [sœr]
au, eau	[o]	aujourd'hui [oʒurdɥi]　eau [o]
ou, où, oû	[u]	jour [ʒur]　où [u]　août [ut]
oi, oî, oy	[wa]	noir [nwar]　étoile [etwal]　voyager [vwajaʒe]
u + 母音字	[ɥ-]	huit [ɥit]　juin [ʒɥε̃]　fruit [frɥi]　nuage [nɥaʒ]
i + 母音字	[j-]	piano [pjano]　janvier [ʒɑ̃vje]　étudiant [etydjɑ̃]

3）母音字＋ m / n（鼻母音）

an, am, en, em	[ɑ̃]	France [frɑ̃s]　jambon [ʒɑ̃bɔ̃]　enfant [ɑ̃fɑ̃] septembre [sεptɑ̃br]
in, im, yn, ym	[ε̃]	vin [vε̃]　important [ε̃pɔrtɑ̃]　sympa [sε̃pa]
ain, aim, ein, eim	[ε̃]	main [mε̃]　faim [fε̃]　peinture [pε̃tyr]
un, um	[œ̃]	un [œ̃]　lundi [lœ̃di]　parfum [parfœ̃]
on, om	[ɔ̃]	concert [kɔ̃sεr]　nombre [nɔ̃br]
ien	[jε̃]	musicien [myzisjε̃]　informaticien [ε̃fɔrmatisjε̃]
oin	[wε̃]	besoin [bəzwε̃]　loin [lwε̃]

4）子音字で気を付けたい発音

c（e, i, y の前）	[s]	actrice [aktris]　cinéma [sinema]　bicyclette [bisiklεt]
（それ以外）	[k]	café [kafe]　connaître [kɔnεtr]
ç	[s]	français [frɑ̃sε]　garçon [garsɔ̃]

001
002
003
004
005

10

ch	[ʃ]	chanson [ʃɑ̃sɔ̃] blanche [blɑ̃ʃ]
g （e, i, y の前）	[ʒ]	gilet [ʒilɛ] gym [ʒim]
（それ以外）	[g]	gare [gar] légume [legym]
gn	[ɲ]	Espagne [ɛspaɲ] montagne [mɔ̃taɲ]
gu （e, i, y の前）	[g]	guide [gid] langue [lɑ̃g]
h	無音 *	hôtel [otɛl] †hautbois [obwa]
il （語中）	[ij]	juillet [ʒɥijɛ]
il, ille （語尾）	[ij]	fille [fij]
qu	[k]	quatre [katr] musique [myzik]
s （母音間）	[z]	maison [mɛzɔ̃] oiseau [wazo]
（それ以外）	[s]	salle [sal] personne [pɛrsɔn]
x ＋母音子	[gz]	exercice [ɛgzɛrsis] exemple [ɛgzɑ̃pl]
x ＋それ以外	[ks]	expliquer [ɛksplike] excellent [ɛkselɑ̃]

* 無音／有音の h

h はつねに発音されませんが、語頭では「無音の h」「有音の h」の区別があります。有音の
h は、辞書では「†h」のように表記されています。

3　アンシェヌマン、リエゾン、エリズィオン

1）アンシェヌマン（enchaînement）

文の中で、発音される語末の子音字が、次の母音または無音の h で始まる語と連結して発音さ
れることがあります。

　　une [yn] + heure [œr] → une͜ heure [ynœr]

　　il [il] + habite [abit] → il͜ habite [ilabit]

2）リエゾン（liaison）

文の中で、発音されない語末の子音字が、次の母音または無音の h で始まる語と連結して発音
されることがあります。

　　un [œ̃] + homme [ɔm] → un͜ homme [œ̃nɔm]

　　vous [vu] + aimez [ɛme] → vous͜ aimez [vuzɛme]

　　en [ɑ̃] + hiver [ivɛr] → en͜ hiver [ɑ̃nivɛr]

3）エリズィオン（élision）

ce、de、la、le、je、me、ne、te、se、si、que は、次に母音または無音の h が続く場合には、
語末の母音字がアポストロフに省略され、次の語と連結します。

　　je [ʒə] + arrive [ariv] → j'arrive [ʒariv]

　　le [lə] + hôpital [ɔpital] → l'hôpital [lɔpital]

・後続の語が有音の h で始まる場合には、これらの変化は生じません。

　　une †harpe [yn|arp]　le †héros [lə|ero]　les †héros [le|ero]

Vocabulaire 単語・表現を覚えよう

1　滞在許可証（**Titre de séjour**）の情報を読み取りましょう。

TITRE DE SEJOUR　0000000000

Nom : **Newman**
Prénom : **John**
Validité début : **03/10/16**　Fin : **02/10/17**
Délivré par : **PREFECTURE DE POLICE**
Motif du séjour : **ETUDIANT - ELEVE**
　　　　　　　　AUTORISE A TRAVAILLER
　　　　　　　　A TITRE ACCESSOIRE
Signature de l'autorité :

Né(e) le : **24-01-90**
Pays : **ETATS-UNIS**
Nationalité : **américaine**
SEXE : **M**　　　Date d'entrée en France : **01-10-15**
Adresse : **5, AVENUE ANATOLE FRANCE,**
　　　　　75007, PARIS

prénom 名
nom 姓
nationalité 国籍
pays 国

「滞在許可証」とは、フランスに長期
滞在する場合に入国後申請しなくて
はならない証明書です。

2　それぞれの文の国籍を表す語を見て、下から国名を選びましょう。

1) Ren est japonais. Yoko est japonaise.　　　　→ _____
2) Théo est français. Alice est française.　　　　→ _____
3) John est anglais. Kate est anglaise.　　　　→ _____
4) Xiao est chinois. Mei est chinoise.　　　　→ _____
5) Mark est américain. Lisa est américaine.　　→ _____
6) Pablo est espagnol. Alba est espagnole.　　→ _____
7) Do-yun est coréen. Min-Seo est coréenne.　→ _____
8) Gianni est italien. Alessia est italienne.　　→ _____

Espagne　Angleterre　Japon　Italie　France　États-Unis　Corée　Chine

会話を聞いて質問に答えましょう。

朝、語学学校にきた生徒2人が話しています。

George : Salut ! Moi, c'est George Smith, et toi ?

Yuki : Euh, bonjour... Moi, c'est Yuki Mori. Smith ! Vous êtes américain ?

George : Non, je suis australien. Je suis journaliste à Sydney.

Yuki : Moi, je suis japonaise. Je suis avocate à Tokyo. On se dit « tu » ?

1) George est
   □ américain   □ japonais   □ australien

2) Yuki est
   □ américaine   □ japonaise   □ australienne

3) George est
   □ journaliste   □ avocat   □ médecin

4) Yuki est
   □ journaliste   □ avocate   □ youtubeuse

Note

On se dit « tu » ? se direは代名動詞（14課参照）で、「（たがいに）～と言う」の意味です。

tu tuは、相手が単数で、近しい間柄の場合に用いられます。vousは、複数の相手を指す場合に用いられるだけでなく、単数の相手に対して丁寧に話す場合にも用いられます。vousを、単数の相手に対して丁寧な意味で用いる場合には、関係する名詞や形容詞は単数となります。

1 自己紹介する

1 主語となる代名詞と動詞 être の活用

フランス語の動詞は主語代名詞に応じて活用します。主語人称代名詞と、動詞 être の活用を
あわせて確認しましょう。

	être「～である」	
	単数形	複数形
一人称	je suis	nous sommes
二人称	tu es	vous êtes
三人称	il / elle / on est	ils / elles sont

1) 三人称主語代名詞の用法

on を除く三人称主語代名詞は、「人」だけでなく「もの」を指し示すこともできます。名詞の
性に応じて男性形・女性形に変化しますが、男性と女性が混ざっている場合には男性複数形に
なります。

> C'est une voiture. Elle est japonaise. これは車です。日本製です。
> Ce sont des amis. Ils sont américains. （その人たちは）友達です。アメリカ人です。

2) 主語となる代名詞 on

on は、主語人称代名詞 nous と同じ意味で用いることができます。「私たち」という意味なの
で関係する名詞や形容詞などは複数になりますが、動詞の活用は三人称単数になるので注意が
必要です。

> Vous êtes vietnamiens ? – Non, on est américains.
> あなた方はヴェトナム人ですか？－いいえ、私たちはアメリカ人です。

2 c'est ... / ce sont ...

人やものを紹介・提示する場合には c'est / ce sont を用います。複数の人やものを紹介・提
示するときは ce sont となりますが、口語では多くの場合 c'est を用います。

> Ce sont des étudiants japonais. C'est un professeur français.
> （その人たちは）日本人の大学生です。（その人は）フランス人の先生です。

3 人称代名詞の強勢形（1）：話題の強調

人称代名詞強勢形は、文頭に置かれ、話題となる主語の強調に用いられることがあります。強
勢形のそのほかの用法については 7 課を参照してください。

主語人称代名詞	je	tu	il	elle	nous	vous	ils	elles
強勢形	moi	toi	lui	elle	nous	vous	eux	elles

on は人称代名詞ではないので、強勢形はありません。代わりに nous が用いられます。

4　属詞の性数一致

être などを介し、主語などに説明を付け加える名詞や形容詞は**属詞**と呼ばれます。属詞は主語の性数に一致します。男女同形の名詞や形容詞もあるので注意してください。

1）国籍の言い方

国籍を示す語の女性形を作るときには語末に e を付け、複数形を作るときは語末に s を付けるのが原則です。

Coco Chanel est française.　ココ・シャネルはフランス人です。

Steven Spielberg et David Lynch sont américains.

スティーヴン・スピルバーグとデイヴィッド・リンチはアメリカ人です。

2）職業・身分

おもな職業・身分の男性形・女性形は次の通りです。

acteur / actrice	俳優	journaliste	ジャーナリスト
avocat / avocate	弁護士	médecin	医者
employé / employée	会社員	pâtissier / pâtissière	パティシエ
étudiant / étudiante	学生	professeur / professeure	教師
infirmier / infirmière	看護師	retraité / retraitée	退職者
informaticien / informaticienne	IT 技術者	youtubeur / youtubeuse	ユーチューバー

Mélanie Laurent est actrice et réalisatrice.　メラニー・ローランは女優で映画監督です。

Christophe Michalak et Christophe Adam sont pâtissiers.

クリストフ・ミシャラクとクリストフ・アダンはパティシエです。

5　数字を覚えましょう！

0 zéro	1 un / une	2 deux	3 trois
4 quatre	5 cinq	6 six	7 sept
8 huit	9 neuf	10 dix	

Exercices
練習しよう

❶ 動詞 être を適当な形に活用させて、空欄に入れましょう。

1）Je _____ japonais.　私は日本人です。

2）C' _____ Georges Dupont.　こちらはジョルジュ・デュポンさんです。

3）Vous _____ informaticienne ?　あなたは IT 技術者ですか？

4）Elles _____ anglaises.　彼女たちはイギリス人です。

❷ 空欄にあてはまる主語人称代名詞を入れましょう。

1）_____ est avocat.　彼は弁護士だ。

2）_____ sommes infirmiers.　私たちは看護師です。

3）_____ sont sénégalais.　彼らはセネガル人です。

4）_____ es retraité ?　あなたは退職しているの？

❸ 日本語を参考にして、空欄に国籍を入れましょう。

1）Elle est _____.　彼女は中国人です。

2）Ils sont _____.　彼らはスペイン人です。

3）On est _____.　私たちは日本人です。

4）Elles sont _____.　彼女たちはオーストラリア人です。

❹ 空欄に適当な人称代名詞強勢形を入れましょう。

1）_____, vous êtes française ?　あなたはフランス人ですか？

2）_____, tu es étudiant ?　きみは学生なの？

3）_____, je suis allemande.　私はドイツ人です。

4）_____, c'est Bong Joon-ho.　彼はポン・ジュノです。

❺ 数字を聴きとってみましょう。　015

a）_____ croissants, s'il vous plaît.　クロワッサンを〜個ください。

b）_____ euros, s'il vous plaît.　〜ユーロ、お願いします。

c）_____ cafés, s'il vous plaît.　コーヒーを〜つください。

d）Nous sommes _____.　私たちは〜人です。

e）On est _____.　私たちは〜人です。

フランスの滞在許可証申請用紙の一部にあなたの情報を記入してみましょう。この課の1ページ目にある滞在許可証を参考にしてください。

Demande de titre de séjour étudiant étranger

Votre état civil

Nom : ....   Prénom : ....

Nom d'époux : ....

Nationalité : ....

Sexe ○ M ○ F   Né(e) le .... / .... / ....   Âge ....

Lieu de naissance ....   Ville et pays ....

Votre état civil：「身分証書」のこと。

Nom d'époux：結婚している場合には、配偶者の姓を記入します。

Nationalité：国籍を記入します。記入者の性にかかわらず、国籍は女性形で記入します（国籍は小文字で記入します）。

Sexe：男性はM（Masculinの略）の○に、女性はF（Fémininの略）の○に×印を付けます。

Né(e)：生年月日を記入します。年月日を書く順番が日本語とは逆になるので注意してください。たとえば、2021年4月2日の場合には、le 02/04/2021となります。

Âge：年齢を記入します。

Lieu de naissance：出生地（都道府県）を記入します。

Ville et pays：都市名と国名を記入します。

Vocabulaire 単語・表現を覚えよう

Paris
DIMANCHE 22 AVRIL 2020
19H, à L'Olympia

ROCK EN STOCK

Au programme :

Shocking Pink, Purple Floyd
Silver ring, King,
Direct Current
Et encore bien d'autres ...

Tarif
unique 40€

www.rock-en-stock.paris.fr

Une organisation
de la ville de Paris,
le centre culturel Mignard

1 ドキュメントの情報を読み取りましょう。

1) Ce document est　このドキュメントの種類は
　□ une affiche　　□ un panneau
　□ une revue　　□ une publicité

2) Cet événement est　このイベントは
　□ un film　　□ une exposition
　□ un concert　　□ une pièce de théâtre

3) Date　日付
　le _____ 3 mai 2021

4) Lieu / Nom de la salle　場所／会場
　□ Le Zénith Paris　□ La Cigale
　□ L'Olympia

5) Prix　値段 _____ euros

2 スケジュールを読み取りましょう。

1) スケジュール表の空欄に、適当な曜日を入れましょう。

jeudi	vendredi	lundi	samedi	mercredi

( )	mardi	( )	( )	( )	( )	dimanche
27 cinéma 20h	28	29	30	1 exposition 15h	2	3 concert 19h
4	5 rendez-vous avec Habib 18h	6	7 théâtre 19h	8	9 pique- nique 12h	10

2) 下のイラストのイベントがスケジュールされている曜日を書き込みましょう。

会話を聞いて質問に答えましょう。

授業後、フィリップとミシェルが週末の予定について話をしています。

Philippe : Salut, comment ça va ?

Michèle : Ça va bien, et toi ?

Philippe : Oui, moi aussi. Au fait, est-ce que tu as un plan pour samedi soir ? J'ai deux billets pour un concert de jazz. Ça te dit ?

Michèle : Désolée, mais j'ai une fête chez des amis.

1) Michèle est libre samedi soir ?

　□ oui　　　　　　　　□ non

2) Philippe a des billets pour

　□ un film　　　　□ une pièce de théâtre　　　□ un concert de jazz

3) Michèle a une fête chez

　□ des amis　　　　□ des collègues　　　□ Philippe

Comment ça va ?　「元気ですか?」。様子を尋ねる挨拶です。ほかにTu vas bien ? / Vous allez bien ?などがあります。

moi aussi　「私もです」。

au fait　「ところで」。[ofɛt]と発音することが多いです。

le soir　「夕方、晩」。一日の時間帯を表す表現としては、ほかに matin「朝」、après-midi「午後」などがあります。会話文のように曜日と時間帯を合わせて表現する場合には、無冠詞で並置します。

un concert de jazz　前置詞deと無冠詞名詞(ここではjazz)で、性質や種類を表します。

Désolée.　女性が話しているので女性形になっています。

1　動詞 avoir の活用　⑰

avoir「〜を持っている」	
j' ai	nous avons
tu as	vous avez
il / elle / on a	ils / elles ont

一人称単数は、エリズィオンして j'ai となっています（「文字と発音」参照）。

2　不定冠詞　⑱

不定冠詞は、可算名詞の不特定な一個、または数個を表します。

男性単数	女性単数	複数（男女）
un	une	des

Nous avons un rendez-vous pour jeudi soir.　私たちは木曜日に会う約束をしている。

Il a une maison.　彼は家を持っている。

Vous avez des questions ?　質問がありますか？

3　疑問文の作り方（oui「はい」／ non「いいえ」で答える疑問文）　⑲

1）イントネーションを上げる　　Tu es belge ?　きみはベルギー人なの？

2）文頭に est-ce que を付ける

Est-ce que vous avez des enfants ?　お子さんがいますか？

est-ce que のあとに母音または無音の h（「文字と発音」参照）がくる場合、エリズィオンします。

3）主語と動詞を倒置する

Avez-vous un plan pour dimanche matin ?　日曜日の朝に予定がありますか？

il a、elle a、on a の倒置はそれぞれ a-t-il、a-t-elle、a-t-on となります。この t の挿入は、avoir、-er 動詞、aller などの三人称単数で見られます。

4　名詞の複数形（1）　⑳

大部分の名詞の複数形は、単数形の語末に s を加えて作ります。

　un frère → des frères　兄・弟　　　une sœur → des sœurs　姉・妹

ただし、単数形の語末の形によっては異なる複数形を持つ名詞もあります。

1）-s, -x, -z で終わる名詞	変化させない	un bus → des bus　バス un nez → des nez　鼻
2）-eau, -au, -eu で終わる名詞	x を加える	un cadeau → des cadeaux　プレゼント un cheveu → des cheveux　髪

・**誘うときの表現**

Je t'invite à ... / Je vous invite à ...　〜に招待するよ／〜に招待します

Ça te dit ? / Ça vous dit ?　［文の最後で］興味ある？／興味がありますか？

受け入れるとき	断るとき
— Je veux bien.　いいですね。	— Désolé(e).　ごめんなさい。
— Avec plaisir.　喜んで。	— Ce n'est pas possible.　無理です。
— D'accord.　了解。	— Je ne peux pas.　できないです。
— Ça me tente.　よさそうだね。	— C'est dommage, mais...　残念なんですが…
— Ça me dit (bien).　いいね。	— C'est gentil mais...　せっかくなんだけど…
— Volontiers.　喜んで。	— Ça ne m'intéresse pas.　興味ないです。

Tu es libre vendredi soir ? Je t'invite à une fête chez moi.

　　　　　　　　　　金曜の夜、空いてる？うちでやるパーティーに招待するよ。

– Oui, je suis libre, je veux bien.　－うん、空いてるよ。いいね。

– Ah, je ne peux pas, c'est dommage. Mais je suis libre samedi.

　　　　　　　　　－残念だけど、行けない。でも土曜日には空いているよ。

J'ai des billets pour l'exposition Magritte. Ça vous dit ?

　　　　　　　　　マグリット展のチケットがあるのですが、興味ありますか？

– Ah oui, ça me dit bien ! J'aime beaucoup Magritte.

　　　　　　　　　－あ、いいですね！マグリットとても好きです。

– Désolé, mais ça ne m'intéresse pas, l'art.

　　　　　　　　　－残念ですが、芸術にはあまり興味ないです。

11 onze	12 douze	13 treize	14 quatorze	15 quinze
16 seize	17 dix-sept	18 dix-huit	19 dix-neuf	20 vingt

Exercices
練習しよう

❶ 動詞 avoir を適当な形に活用させて、空欄に入れましょう。

1) J'＿＿＿＿＿ faim.　お腹が空いた。

2) Aujourd'hui, nous ＿＿＿＿＿＿ un cours de français.

今日、私たちはフランス語の授業があります。

3) Tu ＿＿＿＿ une adresse mail ?　メールアドレス持ってる？

4) Michèle et Philippe ＿＿＿＿＿ un cadeau pour Xiao.

ミシェルとフィリップはシャオのためのプレゼントを持っている。

❷ 空欄に適当な不定冠詞を入れましょう。

1) Ils ont ＿＿＿＿＿ chat.　彼らは猫を飼っている。

2) J'ai ＿＿＿＿ question !　質問があります！

3) Yoko a ＿＿＿＿＿ nouvelles d'Alessia.　洋子はアレッシアの近況を知っている。

❸ 次の文をほかの 2 通りの疑問文に書き直しましょう。

Il a des billets pour un concert de Stromae ?

彼はストロマエのライブのチケットを持ってるの？

・＿＿＿＿＿＿＿＿＿＿＿＿＿＿＿＿＿＿＿＿＿＿＿＿＿＿＿＿＿＿＿＿

・＿＿＿＿＿＿＿＿＿＿＿＿＿＿＿＿＿＿＿＿＿＿＿＿＿＿＿＿＿＿＿＿

❹ 次の単語の複数形を書きましょう。

1) une nationalité → ＿＿＿＿＿＿＿ 国籍　2) un lieu → ＿＿＿＿＿＿＿ 場所

3) un / une journaliste → ＿＿＿＿＿＿＿＿＿ ジャーナリスト

4) un gaz → ＿＿＿＿＿＿＿ ガス　　　5) une voix → ＿＿＿＿＿＿＿ 声

6) un couteau → ＿＿＿＿＿＿＿＿ ナイフ

❺ 数字を聴きとってみましょう。　(023)

a) ＿＿＿＿＿ euros, s'il vous plaît.　〜ユーロ、お願いします。

b) Elle a ＿＿＿＿＿ paires de chaussures .　彼女は〜足の靴を持っています。

c) On a ＿＿＿＿＿ minutes de pause.　わたしたちには〜分の休憩がある。

d) J'ai ＿＿＿＿＿ jours de vacances.　私には〜日の休みがある。

À vous !
覚えたことを使って表現しよう

スケジュール表を見ながら、それぞれの誘いのメッセージに答えてみましょう。断る場合には、
続けてその理由と、ほかの都合のよい日を伝えてみましょう。受け入れる場合にも、一言付け加
えてみましょう。文法と表現のページを参考にしてください。

lundi	mardi	mercredi	jeudi	vendredi	samedi	dimanche
23 RV avec Philippe	24 déjeuner avec mes collègues	25 dîner avec maman	26 RV avec Michèle 19h	27	28 fête avec Carla et Nicolas 20h-	29 Pique- nique

RV：rendez-vousの略語。

1) Habib

> Je t'invite à un concert samedi soir.

2) Inès

> J'ai deux billets pour un film de Takeshi Kitano
> jeudi soir. Ça vous dit ?

3) Leïla

> Je vous invite à une fête chez moi, vendredi à 19h.

3 ｜ 好き嫌いを言う parler de ses goûts

商品について好みを説明できる

Vocabulaire 単語・表現を覚えよう

1 イラストの中の番号（1～10）と単語
を結びつけましょう。

1)_____ 2)_____

3)_____ 4)_____

5)_____ 6)_____

7)_____ 8)_____

9)_____ 10)_____

la chemise	la robe	la jupe
le pantalon	les chaussures	
le collier	les lunettes (de soleil)	
le chapeau	la bague	le sac

2 写真が示すものにふさわしい色の形容詞を空欄に入れましょう。

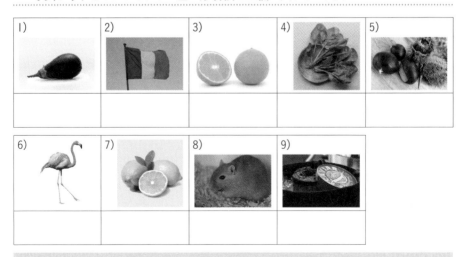

marron rouge jaune noir violet bleu vert rose gris orange blanc

会話を聞いて質問に答えましょう。

カップルがショッピングに出かけています。　

Maeva : Qu'est-ce que tu préfères ? La jupe bleue ou la jupe rouge ?

Yann : Moi, je n'aime pas la jupe bleue.

Maeva : Eh bien moi, justement, j'aime bien.

Yann : Comme d'habitude, tu aimes les couleurs froides.

1) Yann n'aime pas

　　☐ la jupe bleue　　　　☐ la jupe rouge

2) Maeva aime

　　☐ la jupe bleue　　　　☐ la jupe rouge

3) D'après Yann, Maeva aime les couleurs froides.

　　☐ vrai　　　　　　　　☐ faux

Note

justement　「まさに、ちょうど」という意味の副詞です。ここではヤンの「青いスカートが好きではない」という発言を受けて、マエヴァが「(自分は)まさにその逆に、反対に」という意味合いで使っています。

comme d'habitude　「いつものように」。
d'après　「～によると」「～が言うには」。

3
好き嫌いを言う

25

Grammaire　文法と表現を確認しよう

1　-er 動詞（第 1 群規則動詞）の活用

フランス語の多くの動詞は不定詞が -er で終わり、規則的な活用になります。

aimer「〜が好きである」			
j' aim**e**		nous aim**ons**	
tu aim**es**		vous aim**ez**	
il / elle / on aim**e**		ils / elles aim**ent**	

préférer「〜の方が好きである」			
je préf**è**re		nous préf**é**r**ons**	
tu préf**è**res		vous préf**é**r**ez**	
il / elle / on préf**è**re		ils / elles préf**è**r**ent**	

-er 動詞の中には、préférer のようにアクサンの向きが変わる動詞もあります。

2　否定

否定は、動詞を ne ... pas ではさむことで表現します。

Je ne suis pas japonais, je suis belge.　私は日本人ではありません。ベルギー人です。

動詞が母音や無音の h から始まる場合には、エリズィオンが生じます。

Je n'aime pas les chaussures blanches.　私は白い靴が好きではありません。

3　疑問文「何を〜」

「何を〜」と尋ねるときは、quoi、qu'est-ce que、que を使います。quoi → qu'est-ce que → que の順に、丁寧な尋ね方になります。

1) Tu aimes quoi, comme couleur ?　好きな色、何？
2) Qu'est-ce que tu aimes, comme couleur ?　色では、何が好きなの？
3) Qu'aimes-tu, comme couleur ?　お好きな色は何色でしょうか？

4　定冠詞 029

男性単数	女性単数	複数（男女）
le (l')	la (l')	les

1)「その〜」「あの〜」というように、名詞を特定します。

C'est le sac de Sonia.　これはソニアのバッグだ。（ソニアが持っているバッグ）

Ouvre la fenêtre.　その窓を開けなさい。（[状況から特定できる] その窓）

2) ある名称のもの全体を、一般的に指し示します（総称・種類）。また、ひとつしか存在しないもの（「太陽」など）や抽象概念（「人生」など）を表すこともできます。基本的に可算名詞は複数形 les、不可算名詞は単数形 le、la、l' を使います。

J'aime bien les chats.　猫が好きです。（総称：猫というもの）

Vous aimez la musique ?　音楽は好きですか？（種類：音楽というもの）

Le ciel est bleu.　空は青い。（唯一物：世界にひとつしか存在しない空）

5 好き嫌いの度合いを示す表現

j'adore 〜が大好きだ	je n'aime pas trop 〜があまり好きではない
j'aime beaucoup 〜がとても好きだ	je n'aime pas 〜が好きではない
j'aime / j'aime bien 〜が好きだ	je n'aime pas du tout / je déteste
	〜が嫌いだ

好き嫌いを表す動詞の後には、基本的に定冠詞が使われます。可算名詞の場合、単数・複数で意味が変わります。

J'aime le pantalon noir. この黒いズボンが好きです。(特定：この黒いズボン)
J'aime les pantalons noirs. 黒いズボンが好きです。(総称：黒いズボンというもの)

6 形容詞の性数一致

形容詞は名詞の性数に一致した形になります。形容詞の女性形は、原則的に語末に e を付けて作りますが、男性形の語末がもともと e である場合には変化しません。形容詞の複数形は、原則的に語末に s をつけて作ります。

男性・単数	女性・単数	男性・複数	女性・複数
le sac bleu 青いバッグ	la jupe bleue 青いスカート	les sacs bleus （複数の）青いバッグ	les jupes bleues （複数の）青いスカート
le sac rouge 赤いバッグ	la jupe rouge 赤いスカート	les sacs rouges （複数の）赤いバッグ	les jupes rouges （複数の）赤いスカート

形容詞は、原則的に名詞の後に置かれます。(名詞の前に置かれる形容詞については 8 課参照)

7 色の語彙

rouge / rouge	赤	noir / noire	黒	bleu / bleue	青
jaune / jaune	黄色	gris / grise	グレー	vert / verte	緑
violet / violette	紫	blanc / blanche	白	rose / rose	ピンク
orange / orange	オレンジ	marron / marron	茶色	beige / beige	ベージュ

8 数字を覚えましょう！

21 vingt et un	22 vingt-deux	23 vingt-trois	24 vingt-quatre	25 vingt-cinq
26 vingt-six	27 vingt-sept	28 vingt-huit	29 vingt-neuf	30 trente

3 好き嫌いを言う

❶ 日本語訳を参考にして、動詞 **aimer** を肯定または否定の適当な形に活用させましょう。

1）Tu _____ les couleurs chaudes.　暖色系の色が好きだね。

2）Elles _____ les mêmes accessoires.

　　　　　　　　　　　　　　　　彼女たちは同じアクセサリーが好きではない。

3）Vous _____ la mode.　あなたはファッションが好きですね。

4）Je _____ bien la forme de ce sac.

　　　　　　　　　　　　　　　私はこのバッグの形があまり好きではない。

❷ 動詞 **préférer** を適当な形に活用させましょう。

1）Tu _____ les boucles d'oreilles rouges.　きみは赤いイヤリングの方が好きです。

2）Elle _____ le chemisier vert.　彼女は緑のブラウスの方が好きです。

3）Vous _____ le chapeau bleu.　あなたは青い帽子の方が好きです。

4）Ils _____ la cravate jaune.　彼らは黄色いネクタイの方が好きです。

❸ 空欄にあてはまる定冠詞を入れましょう。

1）Je cherche _____ rue Saint-Jacques.　サン゠ジャック通りを探しています。

2）Elle déteste _____ chaussettes violettes.　彼女は紫色の靴下が大嫌いです。

3）C'est _____ grand frère de Gaëtan.　（この人は）ガエタンの兄です。

4）C'est _____ vie !　それも人生だね！

❹ 次の表現の意味を辞書で確認しつつ、性数一致させましょう。

1）une veste _____ 　　[vert]　緑のジャケット	2）des jupes _____ 　　[blanc]　白いスカート
3）une chemise _____ 　　[gris]　グレーのシャツ	4）des boucles d'oreilles _____ 　　[violet]　紫のイヤリング
5）une chemise _____ 　　[jaune]　黄色のシャツ	6）des chaussettes _____ 　　[noir]　黒い靴下

❺ 数字を聴きとってみましょう。　　　　　　　　　　　　　　　　　**034**

a）Le film commence à ____ heures.　この映画は〜時に始まる。

b）Anne a ____ ans.　アンヌは〜歳だ。

c）Je prends la formule à ____ euros.　〜ユーロのセットメニューをお願いします。

d）On a ____ minutes d'attente.　〜分待ちです。

À vous !
覚えたことを使って表現しよう

あなたはお店で、妹へのプレゼントを友達と選んでいるところです。予算の 150 ユーロをできるだけ使い切るように考えながら、買いたい物を○で囲み、買いたくないものに × をつけましょう。それからその商品についての好き嫌いを友達に伝えましょう。

例) « *J'aime bien le sac noir et …, mais je n'aime pas …* »

Sac noir	T-shirt rouge	Chemise bleue	Chaussures blanches
45€	89€	33€	14€
Ceinture violette	Cardigan marron	Jupe rose	Casquette jaune
35€	60€	53€	22€

Vocabulaire 単語・表現を覚えよう

1 名刺に書かれている情報を読み取りましょう。

ROBIC Bénédicte
professeure de piano

154, rue Verdun
37000 Tours
02 32 06 20 11
benepiano@mail.fr

nom et prénom 氏名	
profession 職業	
ville 住んでいる町	
numéro de téléphone 電話番号	

2 ベネディクトの家系図を見て、空欄に当てはまる単語を選びましょう。

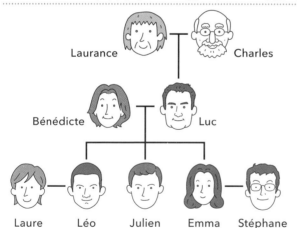

le père
la mère
le frère
la sœur
le grand-père
la grand-mère
le fils
la fille
le mari
la femme

1) Julien est _____ de Léo.
2) Laurance est _____ de Julien.
3) Charles est _____ de Léo.
4) Bénédicte est _____ d'Emma.
5) Stéphane est _____ d'Emma.
6) Luc est _____ de Charles.
7) Laure est _____ de Léo.

会話を聞いて質問に答えましょう。

レアがエンゾのスマートフォンをのぞき見ています。

Enzo　: Mais qu'est-ce que tu regardes sur mon portable ?

Léa　: C'est qui, sur la photo ? C'est ta copine ?

Enzo　: Mais non, ce n'est pas ma copine, c'est ma petite sœur.

Léa　: Ah bon ? Elle a l'air sympa... et ses yeux sont magnifiques ! Elle a quel âge ?

Enzo　: Elle a vingt et un ans. ... Bon, c'est fini, tes questions ?

1) Léa regarde

☐ une photo　　　☐ un film　　　☐ une page Internet

2) Léa connaît la sœur d'Enzo.

☐ vrai　　　☐ faux

3) D'après Léa, la sœur d'Enzo a l'air sympa.

☐ vrai　　　☐ faux

4) La sœur d'Enzo a

☐ 11 ans　　　☐ 20 ans　　　☐ 21 ans

Note

mais　ここでのmaisは「さて、ところで」といった意味で、話を切り出すきっかけや話題の変化などを示しています。

sympa　sympathiqueの略で、「感じがいい」という意味です。会話でよく用いられる形です。

Elle a l'air sympa.　avoir l'air ＋形容詞で「〜のようである、〜のように見える」の意味です。avoir l'airのあとの形容詞は、基本的に主語と一致します。

mais non　ここでのmaisは返事のnonを強調しています。

ah bon　話し相手の言ったことについて、「あ、そうなの」と軽い驚きを示す表現です。

4　人を紹介する

1 動詞 connaître の活用 ⟨037⟩

connaître「〜を知っている」	
je connais	nous connaissons
tu connais	vous connaissez
il / elle / on connaît	ils / elles connaissent

語幹の î は活用のとき s の前では i となります。

Il connaît Stéphane. 彼はステファンを知っている。

2 所有形容詞 ⟨038⟩

		所有物		
		男性単数	女性単数	男女複数
所有者 （単数）	一人称	mon	ma	mes
	二人称	ton	ta	tes
	三人称	son	sa	ses

		所有物	
		男女単数	男女複数
所有者 （複数）	一人称	notre	nos
	二人称	votre	vos
	三人称	leur	leurs

名詞の前に置かれ、広い意味での所有を表します。所有「形容詞」という名前のとおり、修飾する名詞の性数に応じて変化します。

mon portable 私の携帯電話　　　　ta copine あなたの彼女

母音で始まる女性単数名詞や、無音の h で始まる単数名詞の前では、ma、ta、sa のかわりに、mon、ton、son を使います。

mon arrière-grand-père 私の曽祖父　　mon arrière-grand-mère 私の曽祖母

ton université (*f.*) あなたの大学　　　son histoire (*f.*) 彼の／彼女の話

3 年齢の言い方

年齢は avoir + 年齢の数字 + an(s) で表現します。être ではありませんので注意してください。

J'ai 18 ans. 私は 18 歳です。

Leur cousine a 37 ans. 彼らの従妹は 37 歳だ。

4 疑問詞 qui

「誰？」と人を尋ねるときに用いられます。

C'est qui ? – C'est ma petite sœur. 誰ですか？ －私の妹です。

C'est qui ? の代わりに、Qui est-ce ? と倒置形で尋ねることもできます。

5 疑問形容詞 quel(s) / quelle(s)

人やものについて、「何～？」「どんな～？」「どの～？」と尋ねるときに用いられます。修飾する名詞の性数に応じて変化します。

	男性	女性
単数	quel	quelle
複数	quels	quelles

① 名詞をともなう

Elle a quel âge ? – Elle a trente-deux ans. 彼女は何歳ですか？ － 32 歳です。

Tu parles quelles langues ? – Je parle japonais et français.

何語を話せるの？ －日本語とフランス語。

② 属詞をともなう

Quel est votre numéro de téléphone ? あなたの電話番号は何ですか？

Quelle est sa date de naissance ? 彼の／彼女の生年月日はいつですか？

6 名詞の複数形（2）

原則的に名詞の複数形は語末に s を付けますが、例外もあります。

1) -al で終わる名詞	-aux に変化	un animal → des anim**aux** 動物 un journal → des journ**aux** 新聞・日記
2) -ail で終わる名詞	-aux に変化	un travail → des trav**aux** 仕事
3) その他	複数形が特殊に変化	un œil → des **yeux** 眼
	複数形では発音が変化	un os [ɔs] → des os [o] 骨 un œuf [œf] → des œufs [ø] 卵

7 数字を覚えましょう！

31 trente et un	32 trente-deux	33 trente-trois	34 trente-quatre
35 trente-cinq	36 trente-six	37 trente-sept	38 trente-huit
39 trente-neuf	40 quarante		

4 人を紹介する

Exercices
練習しよう

❶ connaître を活用させて、空欄に入れましょう。

1) Est-ce que vous ＿＿＿＿＿＿＿＿＿ ma copine ?　私の彼女をご存じですか？

2) Je ＿＿＿＿＿＿ votre professeur.　あなたの先生を知っています。

3) Il ＿＿＿＿＿＿ ton frère.　彼はあなたの兄弟を知っている。

4) Elles ＿＿＿＿＿＿ les films de Truffaut.　彼女たちはトリュフォーの映画を知っている。

5) Nous ＿＿＿＿＿＿＿＿ un bon restaurant ici.

　　　　　　　　　　　　　私たちは近所のおいしいレストランを知っている。

❷ 適当な所有形容詞を空欄に入れましょう。

1) ＿＿＿＿＿ frère a 18 ans et ＿＿＿＿＿ sœur a 15 ans.

　　　　　　　　　　　私の兄／弟は 18 歳、姉／妹は 15 歳です。

2) Vous connaissez ＿＿＿＿＿ amis ?　彼の／彼女の友達を知っていますか？

3) ＿＿＿＿＿ bébé s'appelle François.　彼らの赤ちゃんの名前はフランソワです。

4) Toulouse, c'est ＿＿＿＿＿ ville natale.　トゥールーズは、私たちの生まれ故郷です。

5) Tu as ＿＿＿＿＿ adresse mail ?　彼の／彼女のメールアドレスを知ってる？

❸ 疑問形容詞を適当な形にして、空欄に入れましょう。

1) Tu as ＿＿＿＿＿＿ âge ?　何歳なの？

2) ＿＿＿＿＿＿ est votre nationalité ?　あなたの国籍は何ですか？

3) Tu aimes ＿＿＿＿＿＿ couleurs ?　何色が好きなの？

❹ 次の単語の複数形を書きましょう。不定冠詞も書いてください。

1) un animal → ＿＿＿＿＿＿ 動物　　2) un cheval → ＿＿＿＿＿＿ 馬

3) un journal → ＿＿＿＿＿＿ 新聞・日記　4) un travail → ＿＿＿＿＿＿ 仕事

5) un hôpital → ＿＿＿＿＿＿ 病院　　6) un œuf → ＿＿＿＿＿＿ 卵

❺ 数字を聴きとってみましょう。　　　　　　　　　　　　　　044

a) Il a quel âge ? － Il a ＿＿＿＿＿ ans.　彼は何歳ですか？　－～歳です。

b) Mon numéro de téléphone, c'est le 06 ＿＿＿＿ ＿＿＿＿ ＿＿＿＿ ＿＿＿＿.

　　　　　　　　　　　　　　　私の電話番号は、06 ～です。

c) Je travaille ＿＿＿＿＿ heures par semaine.　私は週～時間働いている。

d) Maintenant, il fait ＿＿＿＿＿ degrés !　いま、気温は～度だ！

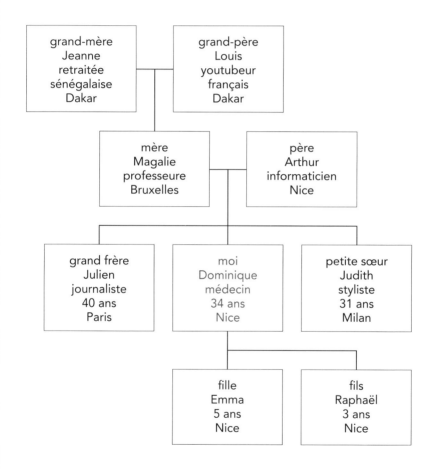

À vous !
覚えたことを使って表現しよう

家系図の情報をもとに、ドミニックになったつもりで、家族を口頭で紹介しましょう。

例） Moi, c'est Dominique. Je suis médecin. J'ai trente-quatre ans. J'habite à Nice.
Lui, c'est Julien. C'est mon grand frère. Il est ...

grand-mère
Jeanne
retraitée
sénégalaise
Dakar

grand-père
Louis
youtubeur
français
Dakar

mère
Magalie
professeure
Bruxelles

père
Arthur
informaticien
Nice

grand frère
Julien
journaliste
40 ans
Paris

moi
Dominique
médecin
34 ans
Nice

petite sœur
Judith
styliste
31 ans
Milan

fille
Emma
5 ans
Nice

fils
Raphaël
3 ans
Nice

Vocabulaire 単語・表現を覚えよう

Docteur Robert RICHARD

MÉDECIN GÉNÉRALISTE

Diplômé de la Faculté de Médecine de Montpellier

Tél. 02.60.93.98.80

Consultation sans rendez-vous
Samedi de 9h à 13h

1 ドキュメントの情報を読み取りましょう。

1) Lieu　ドキュメントに関係する場所

☐ une université
☐ un cabinet médical
☐ une pharmacie

2) Informations sur le document　ドキュメントの情報

nom du médecin　医者の名前	numéro de téléphone　電話番号
jour sans réservation nécessaire　予約なしで診療を受けられる曜日	

2 体の部位に当てはまる単語を選びましょう。

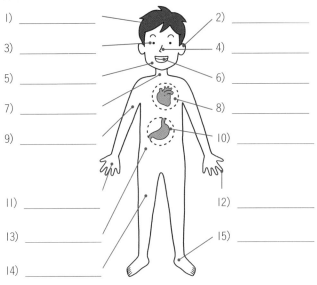

1) _____
3) _____
5) _____
7) _____
9) _____
11) _____
13) _____
14) _____

2) _____
4) _____
6) _____
8) _____
10) _____
12) _____
15) _____

l'œil (les yeux)
le cœur
l'oreille (les oreilles)
la tête
la bouche
la dent (les dents)
le nez
le bras (les bras)
la main (les mains)
le doigt (les doigts)
la jambe (les jambes)
le pied (les pieds)
la gorge
l'estomac
le ventre

Dialogue　会話の内容を理解しよう

会話を聞いて質問に答えましょう。

ミカエルが病院で診察を受けています。　

Médecin : Alors, qu'est-ce que vous avez ?

Michaël : J'ai mal à la gorge et à l'estomac depuis hier soir. Et je dois bientôt partir aux Philippines. C'est possible, à votre avis ?

Médecin : Vous partez quand ?

Michaël : Lundi prochain.

Médecin : Dans trois jours…, hum…, vous pouvez voyager, mais vous devez rester au lit demain et après-demain. D'accord ?

1) Michaël est en bonne santé.

　　☐ vrai　　　　　　　　　☐ faux

2) Dans la situation du dialogue, quel jour sommes-nous ?

　　☐ mercredi　　　　　☐ jeudi　　　　　☐ vendredi

3) Michaël doit rester au lit

　　☐ vendredi et samedi　　☐ samedi et dimanche　　☐ dimanche et lundi

---

Note

Qu'est-ce que vous avez ? 「どうしましたか?」と体の具合について尋ねる決まった表現です。

depuis 「～以来、～前から」。過去を起点とする時間表現です。

c'est ＋ 形容詞 「それは～です」。c'est のあとに続く形容詞はつねに男性単数形になります。

dans 「(いまから)～後」。「～以内に」と言いたい場合にはavantを用いるので注意してください。

時を表す基本表現(日にちの前後)

il y a … jours　～日前
avant-hier　おととい
hier　昨日
aujourd'hui　今日
demain　明日
après-demain　あさって
dans … jours　～日後

5 健康について話す

37

Grammaire 文法と表現を確認しよう

1 前置詞 à と冠詞の縮約

前置詞 à のあとに定冠詞 le、les がくると、次のように縮約します。à la、à l' の場合には変化しません。

à + le	à + la	à + l'	à + les
au [o]	à la	à l'	aux [o]

J'ai mal au ventre. お腹が痛いです。

Vous avez donc mal à la tête ? それではあなたは頭が痛いのですね？

Il travaille à l'hôpital comme infirmier. 彼は病院で看護師として働いている。

Je vais aux toilettes, avant le début du film. 映画が始まる前に、トイレに行こう。

2 動詞 devoir、pouvoir、vouloir の活用と用法

動詞 devoir と pouvoir のように不定詞と組み合わせて用いられる動詞は**準助動詞**と呼ばれます。否定文にする場合には、準助動詞を ne ... pas ではさみます。

devoir 「〜しなければならない」			
je	dois	nous	devons
tu	dois	vous	devez
il / elle / on	doit	ils / elles	doivent

pouvoir 「〜できる」			
je	peux	nous	pouvons
tu	peux	vous	pouvez
il / elle / on	peut	ils / elles	peuvent

vouloir 「〜したい」			
je	veux	nous	voulons
tu	veux	vous	voulez
il / elle / on	veut	ils / elles	veulent

Vous devez faire du sport. 運動をしなくてはいけません。

Vous pouvez reprendre le travail. 仕事を再開してもいいですよ。

Je veux guérir vite. はやく治りたい。

devoir は否定形では「〜してはいけない」（禁止）の意味になるので注意しましょう。

Vous ne devez pas boire trop d'alcool. お酒を飲み過ぎてはいけません。

3 ｜ -ir 動詞の活用

不定詞が -ir で終わる動詞の多くは、次の 2 通りの活用形を持っています。

① finir「〜を終える」			
je	finis	nous	finissons
tu	finis	vous	finissez
il / elle / on	finit	ils / elles	finissent

② partir「出発する」			
je	pars	nous	partons
tu	pars	vous	partez
il / elle / on	part	ils / elles	partent

① finir 型活用の動詞　第 2 群規則動詞とも呼ばれ、複数人称で語幹に ss が加わるのが特徴です。choisir「選ぶ」、obéir「従う」、réfléchir「よく考える」、guérir「治る」など。

② partir 型活用の動詞　sortir「外出する」、dormir「眠る」、servir「給仕する、仕える」、sentir「感じる」など。

4 ｜ 体調を表す表現

「〜が痛い」というときは、avoir mal à +定冠詞+部位で表現します。定冠詞と前置詞 à の縮約を忘れないようにしましょう。

> J'ai mal à la tête / à l'oreille gauche / au pied droit / aux dents.
>
> 頭が痛い／左耳が痛い／右足が痛い／歯が痛いです。

・体調を表すその他の表現

> Je suis en forme / Je ne suis pas en forme.　体調が良いです／体調が良くないです。
>
> Je suis fatigué(e).　疲れています。
>
> Je suis malade.　病気です（気分が悪いです）。
>
> Je suis enrhumé(e).　風邪をひいています。
>
> J'ai de la* fièvre.　熱があります。　　　　　　　　*de la は部分冠詞（12 課参照）。
>
> Je tousse.　咳が出ます。

5 ｜ 数字を覚えましょう！

41 quarante et un　　　42 quarante-deux　　　43 quarante-trois

44 quarante-quatre　　45 quarante-cinq　　　46 quarante-six

47 quarante-sept　　　48 quarante-huit　　　49 quarante-neuf

50 cinquante

Exercices
練習しよう

❶ 空欄に à と定冠詞を入れ、必要なものは縮約させましょう。

1) J'ai froid _____ pieds.　足先が冷たい（冷え性です）。

2) Il achète des médicaments _____ pharmacie.　彼は薬局で薬を買う。

3) Son sac est _____ vestiaire.　彼女のバッグはクロークにある。

4) Ils sont _____ hôpital maintenant.　彼らはいま病院にいる。

❷ 日本語訳を参考にして、動詞 devoir、pouvoir、vouloir のいずれかを活用させましょう。

1) Tu _____ manger au moins cinq fruits et légumes par jour.

　　　　　　　　　　1 日に少なくとも 5 つの果物と野菜を食べないとだめだよ。

2) On _____ finir ce travail avant demain.

　　　　　　　　　　　　私たちは明日までにこの仕事を終えたい。

3) Je _____ faire du sport ?　運動はしてもいいですか？

4) Elles _____ s'excuser à leur petit frère.

　　　　　　　　　　　　彼女たちは弟に謝りたいと思っている。

5) Vous ne _____ pas fumer autant !　そんなに煙草を吸ってはだめです！

❸ 日本語訳を参考にして、適当な -ir 動詞を空欄に入れましょう。

1) Ils _____ à Marseille demain.　明日、彼らはマルセイユへ出発する。

2) Elle _____ son repas avec un café.　彼女はコーヒーを飲んで食事を終える。

3) Nous _____ la même robe verte.　私たちは、同じ緑色のドレスを選ぶ。

4) Ils _____ aux conseils du médecin.　彼らはお医者さんの忠告に従っている。

5) Je _____ mal depuis cinq jours.　ここ5日間、よく眠れない。

6) Vous _____ à ma proposition ?　私の提案をよく考えてみてくれますか？

❹ 数字を聴きとってみましょう。

052

a) Vous n'avez pas de billets de ____ euros ?　〜ユーロ札をお持ちではないですか？

b) Elle a ____ ans.　彼女は〜歳だ。

c) Le code postal de Nantes est ____ .　ナントの郵便番号は〜だ。

d) ____ euros et ____ centimes, s'il vous plaît.

　　　　　　　　　　　〜ユーロ〜サンチーム、お願いします。

À vous !
覚えたことを使って表現しよう

あなたは病院に来ています。イラストを見ながら、自然な会話になるように、空欄を埋めましょう。
会話文や例文の表現を参考にしてください。

Médecin : Qu'est-que vous avez ?

Vous :　　J'ai 1) _____.

Médecin : Vous avez mal depuis quand ?

Vous :　　2) _____.

Médecin : D'accord. Vous toussez ?

Vous :　　Oui, je 3) _____ et j'ai _____ aussi.

　　　　　Je 4) _____ à Carcassonne dans 3 jours. C'est possible ?

Médecin : Non, ce n'est pas possible. Vous devez rester au lit.

旅行について話す parler d'un voyage qu'on va faire

旅行の行程について説明することができる

Vocabulaire 単語・表現を覚えよう

1　タイムゾーンマップを参考にして答えましょう。

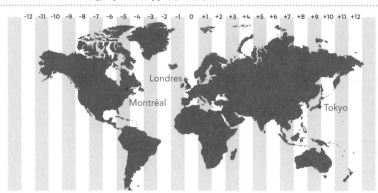

-12 -11 -10 -9 -8 -7 -6 -5 -4 -3 -2 -1 0 +1 +2 +3 +4 +5 +6 +7 +8 +9 +10 +11 +12

Londres
Montréal
Tokyo

1) 各都市について時差（le décalage horaire）を答えましょう。

Il y a neuf heures de décalage entre Londres et Tokyo.

a. Il y a ＿＿＿＿＿＿＿＿＿＿ de décalage entre Londres et Montréal.

b. Il y a ＿＿＿＿＿＿＿＿＿＿ de décalage entre Tokyo et Montréal.

2) 東京が 1 月 1 日午後 6 時のとき、各都市が何時かを答えましょう。

Il est dix-huit heures à Tokyo.

a. Quelle heure est-il à Londres ?　＿＿＿＿＿＿＿＿＿＿＿

b. Quelle heure est-il à Montréal ?　＿＿＿＿＿＿＿＿＿＿＿

2　時計が示している時刻を下から選びましょう。

1)　（　）　2)　（　）　3)　（　）

4)　（　）　5) 　（　）　6)　（　）

a. Il est trois heures et demie.
b. Il est huit heures moins le quart.
c. Il est midi. / Il est minuit.
d. Il est une heure et quart.
e. Il est une heure.
f. Il est six heures moins cinq.

会話を聞いて質問に答えましょう。

空港のロビーで旅行者 2 人が話しています。

Nolwenn : Ah, vous allez au Canada ! Et vous allez où, exactement ?

Jean-Luc : Je vais à Montréal, pour un mariage.

Nolwenn : Montréal ! Et il est quelle heure, là-bas ?

Jean-Luc : Il est treize heures trente à Paris, donc sept heures trente à Montréal.

1) Jean-Luc va

☐ au Canada　　　☐ en France　　　☐ aux États-Unis

2) Jean-Luc voyage pour

☐ voir des amis　　☐ assister à un mariage　☐ voir Marie-Ange

3) À Paris, il est

☐ trois heures trente　☐ treize heures trente　☐ vingt-trois heures trente

4) Il y a combien d'heures de décalage entre Montréal et Paris ?

☐ cinq heures　　　☐ six heures　　　☐ sept heures

Note

pour 「〜のために、〜するために」。理由・目的を示す前置詞です。

là-bas 「向こう、あちら」と、離れた場所を指す副詞です。

1 動詞 aller の活用

055

動詞 aller の語尾は -er ですが、活用は不規則です。

aller「行く」			
je	vais	nous	allons
tu	vas	vous	allez
il / elle / on	va	ils / elles	vont

2 場所を尋ねる疑問詞 où

056

疑問詞 où は、「どこ？」と場所を尋ねるときに用います。

Tu es où ? – Je suis à l'aéroport. どこにいるの？－空港にいるよ。

Où est-ce qu'il va ? – Il va à Hokkaido. 彼はどこへ行くの？－北海道へ行きます。

Où habitez-vous ? – Nous habitons à Paris.

どこに住んでいますか？－パリに住んでいます。

3 時間を言う・尋ねる表現（1）

057

時刻を言うときは、非人称構文の il est を使います。heure は女性名詞なので、1 時は une heure となります。2 時以降は複数形になり、heure に s が付きます。

Il est une heure. 1 時です。

分は、heure(s) の後ろに置きます。

Il est vingt-trois heures dix. 23 時 10 分です。

時刻を尋ねるときには、quelle heure を使います。

Il est quelle heure ? – Il est trois heures. 何時ですか？－3 時です。

・時刻の表現

Il est quatre heures **et demie**. 4 時半です。	Il est deux heures **et quart**. 2 時 15 分です。
Il est sept heures **moins dix**. 7 時 10 分前です。	Il est dix heures **moins le quart**. 10 時 15 分前です。
Il est **midi**. 正午です。	Il est **minuit**. 夜の 12 時です。

24 時間制で時刻を言うとき、13 時以降では et demie、et quart、moins le quart は使いません。

Il est treize heures trente. 13 時 30 分です。

Il est une heure et demie de l'après-midi. 午後 1 時半です。

minuit、midi の場合には男性形の demi を用いるのが普通です。

midi et demi 12 時半

4 | 国名・都市名に付く前置詞

国の名前には男性名詞と女性名詞があります。

語末が e で終わる　　　→　女性名詞　la France　l'Italie　la Chine

語末が e で終わらない　→　男性名詞　le Japon　le Brésil　le Maroc

例外：le Mexique　le Cambodge　le Mozambique　le Zimbabwe

・**国名・都市名に付く前置詞**

en	au	aux	à
・女性名詞の国名 　en France ・母音、無音の h で始まる 　男性名詞の国名 　en Uruguay	・男性名詞の国名 　au Japon 　au Canada	・複数形の国名 　aux États-Unis 　aux Pays-Bas	・例外 　à Cuba 　à Madagascar ・都市名 　à Moscou

都市名の à については 11 課も参照。

5 | 月の名前

janvier	février	mars	avril	mai	juin
1 月	2 月	3 月	4 月	5 月	6 月
juillet	août	septembre	octobre	novembre	décembre
7 月	8 月	9 月	10 月	11 月	12 月

6 | 年月日の言い方

フランス語では、日→月→年の順番で年月日を表します。日付は定冠詞 le を付けて表現します。
ただし、1 日は le premier となるので気をつけましょう。

Ma date de naissance, c'est le quinze février 2001.

私の誕生日は 2001 年 2 月 15 日です。

Le premier janvier 2020　2020 年 1 月 1 日

7 | 数字を覚えましょう！

51 cinquante et un　　　52 cinquante-deux　　53 cinquante-trois

54 cinquante-quatre　　55 cinquante-cinq　　56 cinquante-six

57 cinquante-sept　　　58 cinquante-huit　　59 cinquante-neuf

60 soixante

❶ 動詞 **aller** を適当な形に活用させて空欄を埋めましょう。

1）Je ＿＿＿＿＿＿ à Osaka demain. Et toi, tu ＿＿＿＿＿＿ où ?

明日、大阪へ行くよ。あなたは、どこへ行くの？

2）Nous ＿＿＿＿＿＿ en Bolivie pour une conférence.

講演会のためにボリビアへ行きます。

3）Elles ＿＿＿＿＿＿ à l'université.　彼女たちは大学へ行きます。

4）Il ＿＿＿＿＿＿ au Sénégal.　彼はセネガルへ行きます。

5）Vous ＿＿＿＿＿＿ aux Philippines ?　あなたたたちはフィリピンへ行きますか？

❷ 時計が示す時刻を、**il est** を使って表現しましょう。

1）

2）

3）

4）

5）

6）

❸ 空欄に適当な前置詞を入れて、文を完成させましょう。

1）Elle habite ＿＿＿＿＿ Corée.　彼女は韓国に住んでいる。

2）J'habite ＿＿＿＿＿ Genève, ＿＿＿＿＿ Suisse.　スイスのジュネーブに住んでいます。

3）Ils voyagent ＿＿＿＿＿ Pays-Bas.　彼らはオランダに旅行します。

4）Tu travailles ＿＿＿＿＿ Portugal ?　ポルトガルで仕事をしているの？

5）Je vis ＿＿＿＿＿ Espagne.　スペインで暮らしています。

❹ 数字を聴きとってみましょう。

062

a）Il est ＿＿＿＿＿ heures ＿＿＿＿＿.　〜時〜分です。

b）Dans un jeu de cartes, il y a ＿＿＿＿＿ cartes, avec les deux jokers.

カードゲームには、2枚のジョーカーも入れると、〜枚のカードがある。

c）J'habite au ＿＿＿＿＿ rue de Rennes.　私はレンヌ通り〜番地に住んでいます。

d）C'est ＿＿＿＿＿ euros.　それは〜ユーロです。

À vous !
覚えたことを使って表現しよう

手帳の年間スケジュール表があります。今年は国外旅行が多いです。スケジュール表を見ながら国外旅行の予定を家族に説明してください。例にならって、いつ、どこへ行くのか、旅行の目的を述べましょう。

15/09 **rendez-vous** avec M. Lebrun / Londres (Angleterre)
10/10 **réunion de travail** / Amsterdam (Pays-Bas)
31/12 **fête** avec Chloé et Bruno / Bangkok (Thaïlande)
30/01 **conférence** / Tunis (Tunisie)
01/03 **mariage** / Rabat (Maroc)
13/06 **concert** avec mes amis / Bruxelles (Belgique)
25/08 **exposition** d'art africain / Lisbonne (Portugal)

例）*Le quinze septembre, je vais à Londres, en Angleterre pour un rendez-vous.*

提案する proposer de faire une activité

一緒に活動するように提案することができる

Vocabulaire 単語・表現を覚えよう

1 クラブ活動案内の情報を読み取りましょう。

BADMINTON

Présidente :
Caroline Scherrer

Contacts :
Fabien Durand
☐ 01 27 44 36 25
☐ fabien_durand6927@tree.fr
www.clubbadminton_raquette.met

Publics / âge :
Enfants de 6 à 17 ans
Adultes de 18 à 70 ans

Lieu de pratique :
Gymnase Louis Aragon

1) Quel est le nom de la présidente du club de badminton ?　バドミントンクラブの会長は何という名前ですか？

_____

2) Quel est le numéro de téléphone du club ?　クラブの電話番号は何番でしょうか？

_____

3) Quelle est l'adresse mail du club ？クラブのメールアドレスは何でしょうか？

_____

4) Où est-ce qu'on fait du badminton ？バドミントンはどこで行われているでしょうか？

_____

2 次の単語を表の適当なカテゴリーに入れましょう。

l'accordéon　l'informatique　la natation　la calligraphie　le vélo　la flûte

activités sportives	cours de musique	ateliers culturels
le basketball	la guitare	la danse classique
le football	le piano	la danse contemporaine
le tennis	le violon	la peinture et le dessin
le yoga	le chant choral	les échecs
le baseball	la batterie	le théâtre

会話を聞いて質問に答えましょう。

友人同士が電話で話しています。

Denis :　Allô Yasmina, tu es libre cet après-midi ?

Yasmina :　Oui, je suis libre. Pourquoi ?

Denis :　On fait du futsal avec des amis à la fac. Tu viens avec nous ?

Yasmina :　Ok, rendez-vous à quelle heure ?

Denis :　À quinze heures. Et cette fois, tu arrives à l'heure, hein ?

1) Yasmina est libre cet après-midi.

　□ vrai　　　　　　□ faux

2) Est-ce que Yasmina fait du futsal avec Denis ?

　□ oui　　　　　　□ non

3) Denis fait du futsal

　□ à 13 heures　　　□ à 14 heures　　　□ à 15 heures

フランスの男女別人気スポーツ　　　　　　（出典：INJEP, *Les chiffres clés du sport 2020*）

Hommes :　① football　　　② tennis　　　③ judo, jujitsu

Femmes :　① équitation　　② tennis　　　③ gymnastique

Note

allô　「もしもし」にあたる、電話するときに用いる間投詞です。

la fac　la faculté の略で本来は「学部」の意味ですが、l'université「大学」の意味で用いられます。

hein　ここではこの表現を使って「今回は時間通りに来てよ」と念押しをしています。

1 動詞 venir、faire の活用

venir「来る」			
je	viens	nous	venons
tu	viens	vous	venez
il / elle / on	vient	ils / elles	viennent

faire「する、作る」			
je	fais	nous	faisons [f(ə)zɔ̃]
tu	fais	vous	faites
il / elle / on	fait	ils / elles	font

Vous venez au match ?　あなたたちは試合に来ますか？

On fait un bonhomme de neige !　雪だるまを作るぞ！

2 部分冠詞（1）：faire du / de la ＋ スポーツ・活動・習い事

勉学・スポーツ・習い事・楽器などをすると言うときは、faire du / de la / de l' のように部分冠詞を使います。部分冠詞は、全体ではなく部分を示す冠詞で、男性形と女性形があります。

母音で始まる単語や無音のhの前では、de l' となります。

男性	女性
du (de l')	de la (de l')

部分冠詞（数量表現）については 12 課を参照してください。

Je fais du jogging le matin.　私は朝、ジョギングをします。

On fait de la natation le mercredi.　私たちは水曜日に水泳をしています。

Il fait de l'accordéon le week-end.　彼は週末にアコーディオンをやっています。

3 指示形容詞

	男性形	女性形
単数	ce (cet)	cette
複数	ces	ces

指示形容詞は名詞の前に置かれ、名詞の性数に一致します。「この~」「あの~」「その~」のように、人やものを指し示します。

母音字や無音の h で始まる男性名詞の前では、cet を使います。

ce violon　この（あの）ヴァイオリン　　　cette guitare　この（あの）ギター

cet harmonica　この（あの）ハーモニカ　　ce †hautbois　この（あの）オーボエ

ces instruments de musique　これら（あれら）の楽器

Ce soir, je vais dîner à la Tour d'Argent. – Ah, je connais ce restaurant.

今夜、トゥール・ダルジャンで夕食を食べるんだ。 － あ、そのレストラン知ってるよ。

4 時間を言う・尋ねる表現（2）

「~時に」と時間を言うときは、前置詞の à を使います。

Je vais à la gare à 9 heures.　私は 9 時に駅へ行きます。

Tu arrives à l'université à quelle heure ?　何時に大学へ着くの？

5　人称代名詞の強勢形（2）

前置詞の後ろに人称代名詞を置く場合には強勢形を用います。強勢形の用法については1課も参照してください。

　　Tu viens avec nous ?　私たちと一緒に来る？

　　Nous allons chez lui cet après-midi.　今日の午後、私たちは彼の家に行く。

　　Vous allez partir sans elle ?　あなたたちは彼女がいないのに出発するの？

6　疑問詞 pourquoi

「なぜ〜」と理由を尋ねるときには、pourquoi を使います。これに答えるときには parce que (qu') を使って「なぜなら〜」と理由を説明します。

　　Pourquoi il ne vient pas ? – Parce qu'il est malade.

なぜ彼は来ないの？ – 病気なんです。

　　Pourquoi est-ce que tu fais du grec ancien ? – Parce que c'est intéressant !

なぜ古典ギリシア語を勉強してるの？ – 面白いからだよ！

　　Pourquoi a-t-elle de bonnes notes ?
　　– Parce qu'elle étudie six heures par jour.

彼女はどうしていい成績をとるの？ – 1 日 6 時間勉強しているからだよ。

7　一緒に何かをすることを提案するための表現

Tu viens / Vous venez avec moi / nous ?　一緒に来る？／来ます？
On peut faire ... ensemble ?　一緒に〜しませんか？
Ça te / vous dit de +不定詞 ensemble / avec moi ?
Ça te / vous tente de +不定詞 ensemble / avec moi ?　一緒に〜しませんか？

　　On va au centre culturel. Tu viens avec moi ?　文化センターに行くけど、一緒に来ない？

　　On peut faire du jogging ensemble ?　一緒にジョギングをしませんか？

　　Ça vous dit de faire du basket avec nous ?　一緒にバスケをしませんか？

　　Ça te tente d'aller dans un club d'échecs avec moi ?　チェスクラブに一緒に行かない？

人を誘う表現については 2 課を参照してください。

8　数字を覚えましょう！

61　soixante et un	62　soixante-deux	63　soixante-trois
64　soixante-quatre	65　soixante-cinq	66　soixante-six
67　soixante-sept	68　soixante-huit	69　soixante-neuf
70　soixante-dix		

❶ 動詞 venir を適当な形に活用させて空欄を埋めましょう。

1）Elle ＿＿＿＿＿＿＿＿ de Toulouse.　彼女はトゥールーズ出身です。

2）Vous ＿＿＿＿＿＿＿ chez moi à quelle heure ?　何時に私の家に来ますか？

3）Tu ＿＿＿＿＿＿＿ avec moi ?　私と一緒に来る？

4）Ils ne ＿＿＿＿＿＿＿ jamais aux réunions.　彼らは会議に決して来ない。

❷ イラストを見て、例のように文を完成させましょう。

例）　　　　　Je <u>fais du tennis</u>.

1）　　　　　Ils ＿＿＿＿＿＿＿＿＿＿＿＿＿＿＿＿＿＿＿＿＿＿＿＿.

2）　　　　　Nous ＿＿＿＿＿＿＿＿＿＿＿＿＿＿＿＿＿＿＿＿＿＿.

3）　　　　　Elle ＿＿＿＿＿＿＿＿＿＿＿＿＿＿＿＿＿＿＿＿＿＿＿.

4）　　　　　Vous ＿＿＿＿＿＿＿＿＿＿＿＿＿＿＿＿＿＿＿＿＿＿.

❸ 適当な指示形容詞を空欄に入れて、文を完成させましょう。

1）Vous connaissez ＿＿＿＿＿＿ dame ?　あなたはこの婦人をご存知ですか？

2）＿＿＿＿＿＿ étudiants font de la batterie.　この学生たちはドラムをしている。

3）Il raconte ＿＿＿＿＿＿ histoire aux enfants.　彼は子どもたちにこの話を聞かせる。

4）J'adore ＿＿＿＿＿＿ écrivain.　この作家が大好きだ。

❹ 日本語訳を参考にして、適当な強勢形を空欄に入れましょう。

1）Il sort avec ＿＿＿＿＿＿ ?　彼はきみと一緒に出かけるの（彼はきみと付き合ってるの）？

2）Tu vas chez ＿＿＿＿＿＿ ce soir ?　今夜、きみは彼らの家に行くの？

3）Elles achètent un cadeau pour ＿＿＿＿＿＿.　彼女たちは彼にプレゼントを買う。

4）Ils font la fête sans ＿＿＿＿＿＿.　彼らは私抜きでパーティーをしている。

❺ 数字を聴きとってみましょう。　072

a）Je pèse ＿＿＿＿＿ kilos.　私の体重は～キロです。

b）Elle mesure 1 mètre ＿＿＿＿＿.　彼女は 1 メートル～センチだ。

c）Je fais des recherches sur les mouvements étudiants de mai ＿＿＿＿＿.

　　　　　　　　　　　　　　　　～年 5 月の学生運動について調べている。

d）Il prend sa retraite à l'âge de ＿＿＿＿＿ ans.　～歳で彼は定年退職する。

あなたは文化センター（centre culturel）のプログラムを見ながら、参加したい活動を探しています。下の 2 人の友人の好みに合わせて、一緒にできる活動を提案しましょう。

ACTIVITÉS CULTURELLES		COURS DE MUSIQUE	
Théâtre	**Danse contemporaine**	**Violon**	**Flûte**
Jours : Le mardi	Jours : Le jeudi et le vendredi	Jours : Le samedi et le dimanche	Jours : Le lundi
Horaires : de 20 heures à 22 heures	Horaires : Le jeudi : de 14 heures à 16 heures Le vendredi : de 17 heures à 19 heures	Horaires : Le samedi : de 19 heures à 21 heures Le dimanche : de 15 heures à 17 heures	Horaires : de 13 heures à 16 heures et de 17 heures à 19 heures
Publics / âge : Femmes, Hommes de 10 ans à 70 ans	Publics / âge : Enfants de 6 ans à 14 ans Femmes, hommes de 15 ans à 80 ans	Publics / âge : Femmes, Hommes de 10 ans à 99 ans	Publics / âge : Femmes, hommes de 18 ans à 99 ans

1) Quelle activité proposez-vous à Raphaëlle ?

Raphaëlle, employée, 41 ans
Moi, je fais du violon avec mes enfants. Et j'adore danser. Je suis libre le lundi soir et le vendredi soir. Je veux faire des activités avec ma fille de 9 ans.

2) Quelle activité proposez-vous à Frank ?

Frank, professeur, 60 ans
Moi, je n'aime pas beaucoup danser. Je ne suis pas libre le week-end. Mais du lundi au vendredi, je suis libre après 19 heures.

8 | 予定について話す parler de ses projets

スケジュールについて説明することができる

Vocabulaire 単語・表現を覚えよう

1 切符の情報を読み取りましょう。

BILLET à composter avant l'accès au train

PARIS GARE LYON MONTPELLIER ST-RO	DUPONT EMMA
	01 ADULTE

Départ 10/12 à 17H20 de PARIS GARE DE LYON	Classe 2 VOITURE 08
Arrivée à 20H44 à MONTPELLIER ST-ROCH	PLACE ASSISE 109
PÉRIODE DE POINTE TGV 7033	01 CÔTÉ FENÊTRE
Ni échange, ni remboursement valable sur ce train	

prix par voyageur : **85.00**	Prix **EUR** ** **85.00**

以下の項目に該当するチケットのフランス語を丸で囲んで番号を振りましょう。

①8号車   ②「乗車前要打刻」   ③到着時刻と到着駅   ④座席109   ⑤大人

2 フランス語と対応する日本語を選びましょう。

1) un couloir (côté couloir) [   ]   2) la classe [   ]   3) le prix [   ]
4) une fenêtre(côté fenêtre) [   ]   5) un billet [   ]   6) réserver [   ]
7) un billet aller-retour [   ]   8) un billet aller simple [   ]

a) 値段	b) 片道乗車券	c) チケット（切符）	d) 窓（窓側席）
e) (列車の) 等級	f) 通路（通路側席）	g) 予約する	h) 往復乗車券

---

ticket / billet

ticketは一般に小さく印刷された切符や券を指します。un ticket de métro「メトロの切符」、un ticket de bus「バスのチケット」などがその例です。「レシート」もun ticket de caisseと呼ばれます。

他方billetは、比較的大きく印刷された切符や券を指します。un billet d'avion「飛行機のチケット」、un billet de train「列車のチケット」、un billet pour un concert「コンサートのチケット」などがその例です。また、「お札」のことはun billet (de banque)と言います。

会話を聞いて質問に答えましょう。

自宅のパソコンで列車のチケットを予約しているジャン＝クロードがフランソワーズに 話しかけます。

Jean-Claude : Chérie, tu peux venir ? Je viens de réserver les billets de train sur Internet.

Françoise : Une seconde, j'arrive... je cherche mes lunettes. [...] Mais on ne part pas le 2 mai, on part le 3 !

Jean-Claude : Oh... c'est vrai ! Bon, je vais arranger ça : je vais prendre de nouveaux billets.

1) Françoise et Jean-Claude partent le 2 mai.

☐ vrai　　　　　☐ faux

2) Jean-Claude va acheter des billets pour le 3 mai.

☐ vrai　　　　　☐ faux

3) Jean-Claude vient de réserver les billets

☐ au guichet　　　　☐ sur Internet　　　☐ au distributeur automatique

Note

chéri / chérie　「いとしい人、きみ、あなた」。 愛情を込めて呼びかけるときの呼称です。男 性形、女性形があります。

Tu peux venir ?　二人称の疑問形で用いら れたpouvoirは「〜してください」という依頼 の意味になります。

Une seconde.　「ほんの一瞬」。相手に待って もらうときの表現です。

j'arrive　「すぐに行きます」と伝えるときの決 まった表現です。

mais　ここでのmaisは、驚きなどを表す強調 の意味で用いられています。

ça　「それ、あれ、これ」。目の前のもの、状況 や事柄を示す指示代名詞です。

1　近接未来と近接過去

1）近接未来

aller +不定詞で近い未来（「～しようとしている」「～するつもりだ」）を表します。

> Je vais prendre le train de vingt et une heures à la gare Montparnasse.
>
> モンパルナス駅で 21 時の列車に乗るつもりだ。

aller +不定詞の形は、「～しに行く」という意味を表すこともあります。

> Elle va chercher son amie à la gare du Nord.　彼女は北駅に友人を迎えに行く。

2）近接過去

venir de +不定詞で近い過去（「～したところだ」「～したばかりだ」）を表します。

> Ils viennent de rentrer de Montpellier.　彼らはモンペリエから帰ってきたばかりだ。

venir +不定詞は、「～しに来る」という意味を表します。

> Il vient passer ses vacances avec nous.　彼は私たちとヴァカンスを過ごしにやって来る。

2　動詞 prendre の活用

prendre「～を取る、（乗り物に）乗る」	
je　prends	nous　prenons
tu　prends	vous　prenez
il / elle / on　prend	ils / elles　prennent

同じ活用タイプの動詞に apprendre「習得する」、comprendre「理解する」、surprendre「驚かせる」などがあります。

3　特殊な形容詞

1）特殊な女性形をとる形容詞

形容詞の中には、末尾の形によって特殊な変化をするものもあります。複数形については 3 課を参照してください。

i) -er	-er → - ère	léger → légère　軽い
ii) -f	-f → -ve	actif → active　活動的な
iii) -eux	-eux → -euse	heureux → heureuse　幸福な
iv) 語末の子音字を重ねて e を付けるもの	gentil → gentille　親切な　　naturel → naturelle　自然な ancien → ancienne　古い、昔の　　bon → bonne　よい、おいしい	
v) 不規則な変化をするもの	long → longue　長い　　faux → fausse　間違った、偽の doux → douce　甘い、穏やかな　　frais → fraîche　新鮮な sec → sèche　乾いた　　public → publique　公的な	

2) 名詞の前に置かれる形容詞

日常よく用いられる、比較的短い形容詞は名詞の前に置かれます。

beau / belle 美しい	bon / bonne よい、美しい	haut(e) 高い
jeune 若い	mauvais(e) 悪い	grand(e) 大きい、背が高い
petit(e) 小さい	long(ue) 長い	nouveau / nouvelle 新しい
vieux / vieille 古い	vrai(e) 本当の	faux / fausse 偽物の

3) 形容詞の男性第 2 形

079

以下の形容詞は、母音または無音の h で始まる男性単数名詞の前に置かれたとき、特殊な変化をします。これを男性第 2 形と言います。

	男性単数形	男性第 2 形	女性単数形
beau 美しい	un beau soleil 美しい太陽	un **bel** oiseau 美しい鳥	une belle fleur 美しい花
nouveau 新しい	un nouveau bâtiment 新しい建物	un **nouvel** appartement 新しいアパート	une nouvelle maison 新しい家
vieux 古い	un vieux portable 古い携帯電話	un **vieil** [vjɛj] ordinateur 古いパソコン	une vieille tablette 古いタブレット

4) 名詞の前に形容詞が置かれた場合の不定冠詞複数形

複数名詞の前に形容詞が置かれると、原則として不定冠詞複数形の des は de となります。

de mauvais élèves　悪い生徒たち　　de hautes montagnes　高い山々

4 数字を覚えましょう！

71 soixante et onze	72 soixante-douze	73 soixante-treize
74 soixante-quatorze	75 soixante-quinze	76 soixante-seize
77 soixante-dix-sept	78 soixante-dix-huit	79 soixante-dix-neuf
80 quatre-vingts		

Exercices
練習しよう

❶ 日本語訳を参考にして、（　）内の動詞を近接未来あるいは近接過去の形にしましょう。

1）Nous _____ nos valises.（faire）

　　　　　　　　　　　　　　　　私たちは荷造りをしたところだ。

2）Tu _____ l'avion à quelle heure ?（prendre）

　　　　　　　　　　　　　　　あなたは何時に飛行機に乗るつもりなの？

3）Habib _____ 22 ans.（avoir）　アビブはもうすぐ22歳になる。

4）Le train _____ en gare.（entrer）

　　　　　　　　　　　　　　　　列車が駅に入ってきたところだ。

5）Vous _____ de vacances ?（rentrer）

　　　　　　　　　　　　　　あなた方はヴァカンスから帰ってきたところですか？

6）Cet été, ils _____ en France pour faire un

stage.（aller）　この夏、彼らは研修のためにフランスへ行くことになっている。

❷ （　）の形容詞を適当な形にして正しい位置に置き、不定冠詞と合わせて書いてください。

1) un hôtel (nouveau)	2) une période (long)	3) une lumière (naturel)
新しいホテル	長い期間	自然光
4) des nouvelles (faux)	5) des filles (sportif)	6) une idée (bon)
偽のニュース	スポーツ好きの少女たち	よいアイディア

❸ 日本語訳を参考にして、**prendre、apprendre、comprendre、surprendre** のいずれかを活用させましょう。

1）Nous _____ le métro pour aller au bureau.

　　　　　　　　　　　　　　私たちはオフィスに行くのにメトロに乗る。

2）Cette nouvelle _____ tout le monde.　そのニュースは全員を驚かせる。

3）Elles _____ le chinois au lycée.　彼女たちは高校で中国語を習っている。

4）Vous ne _____ pas du tout l'art.　あなたは芸術をまるでわかっていない。

❹ 数字を聴きとってみましょう。　　　　　　　　　　　　　**081**

a) Cet acteur a _____ ans.　この俳優〜歳です。

b) C'est _____ euros.　〜ユーロです。

c) Il est né en 19_____.　彼は 19 〜年に生まれた。

d) Le code postal de Paris, c'est _____.　パリの郵便番号は〜だ。

58

À vous !
覚えたことを使って表現しよう

親友のパブロから、メッセージアプリでディナーのお誘いがありました。スケジュール表を見ながら、返答部分を完成させてください。返事の理由となるあなたの予定について、近接未来を用いて説明してみましょう。2課で学習した表現なども参考にしてください。

agenda

septembre						
07 lundi	08 mardi	09 mercredi	10 jeudi	11 vendredi	12 samedi	13 dimanche
19h fêter l'anniver- saire de Brendan	20h aller au concert de Noémie	18h voir Mohamed au Café de la Bourse	18h-21h assister au cours de violon	18h30 assister à un cours de tennis avec John	19h dîner avec ma famille au restaurant	13h aller au cinéma avec Zoé

Pablo

Salut ! Un dîner ce vendredi à 19h, ça te dit ?

Salut Pablo ! Je suis désolé(e), ce vendredi, 1) ....,

parce que 2) ....

Ah, c'est dommage ! Est-ce que tu peux venir le samedi 12 ?

Malheureusement, je ne peux pas le 12, parce que 3) ....

....

Tu es vraiment occupé(e) ! Et le dimanche 13, alors ?

4) ....,

mais le soir, je suis libre.

OK, à dimanche alors !

探す chercher

お店で商品の場所を説明できる

Vocabulaire 単語・表現を覚えよう

1 次の商品はどこの売り場にありますか。選択肢のうち正しい番号を丸で囲みましょう。

1. électroménager		
2. boucherie	3.fromagerie	4. produits laitiers
5. alcools	6. surgelés	7. papeterie
8. boissons	9. épicerie	
11. produits frais	10. hygiène et beauté	
	12. caisse	13. fleurs

sortie   entrée

a)

6 · 10 · 13

b)

1 · 3 · 5

c)

2 · 10 · 12

d)

4 · 8 · 9

e)

7 · 11 · 13

2 売り場の図を見て、空欄に当てはまる単語を枠の中から選びましょう。

1) Entre le rayon « hygiène et beauté » et le rayon « produits laitiers », il y a le rayon _____. Là, vous avez les cahiers.

2) Les fromages se trouvent derrière le rayon _____.

3) À côté du rayon « boissons », il y a le rayon _____. Là, on peut trouver les huiles d'olive.

4) Le rayon _____ est situé au fond du magasin.

5) On trouve la caisse à gauche du rayon _____.

| fleurs   électroménager   papeterie   épicerie   surgelés |

会話を聞いて質問に答えましょう。

お客さんが店員に話しかけています。

Client : Excusez-moi, je cherche des shampoings.

Vendeuse : Le rayon des shampoings ? C'est au fond du magasin.

Client : Oui, mais... ça se trouve où exactement ?

Vendeuse : Alors... c'est entre les surgelés et les produits d'entretien. Bonne journée !

Client : Ah, et où est-ce que je peux trouver des yaourts ?

Vendeuse : Bah... Ça, c'est juste derrière vous !

1) Où sont les personnages ?

☐ dans un restaurant ☐ dans un supermarché ☐ dans une pharmacie

2) Le client cherche des surgelés.

☐ vrai ☐ faux

3) Les shampoings sont à côté des produits d'entretien.

☐ vrai ☐ faux

Note

excusez-moi 「すみません」。相手に話しかけるときに使います

exactement 「正確には」。より詳細な情報を尋ねる表現です。

alors 「そうですね」と、何かを考えているときに使います。

Bah... 「ええと」。何かを言い出す前に、間を持たせるための表現です。

1　前置詞 de と定冠詞の縮約　

前置詞 de のあとに定冠詞 le、les がくると、次のように縮約します。de la、de l' の場合には
変化しません。

de + le	de + la	de + l'	de + les
du	de la	de l'	des

Vous pouvez appeler le responsable du magasin ?　店長を呼んでくれませんか？

Les chewing-gums sont à côté de la caisse.　チューインガムはレジの横にあります。

C'est au rayon des fruits et légumes.　それは青果売り場にありますよ。

Pour les paquets-cadeaux, c'est au niveau de l'accueil.

ラッピングは、受付の辺りにあります。

2　場所を示す前置詞　084

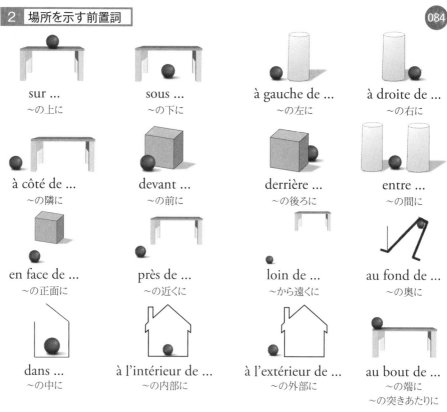

sur ...	sous ...	à gauche de ...	à droite de ...
〜の上に	〜の下に	〜の左に	〜の右に
à côté de ...	devant ...	derrière ...	entre ...
〜の隣に	〜の前に	〜の後ろに	〜の間に
en face de ...	près de ...	loin de ...	au fond de ...
〜の正面に	〜の近くに	〜から遠くに	〜の奥に
dans ...	à l'intérieur de ...	à l'extérieur de ...	au bout de ...
〜の中に	〜の内部に	〜の外部に	〜の端に
			〜の突きあたりに

Le magasin bio est près de chez moi.　オーガニックスーパーは自宅の近くにある。

Le parking est assez loin d'ici.　駐車場はここから結構遠いです。

La librairie est située au bout de la rue.　本屋は通りの突きあたりにあります。

Il y a une grève des employés à l'extérieur de l'hypermarché.
大型スーパーの外で、従業員のストライキが行われている。

Les animaux sont interdits à l'intérieur du magasin.
動物を連れての入店をお断りします。

3　場所を尋ねる表現・場所を示す表現

1）場所を尋ねる表現

疑問詞 où を使って場所を尋ねる表現	疑問詞 où を使わずに場所を尋ねる表現
～はどこですか。 C'est où, ... ? Où est-ce que c'est ... ? ... , où est-ce ?	Vous avez ... ?　～はありますか。 Je cherche ...　～を探しています。 Je cherche ça.（写真などを見せながら） 　　　　　　　これを探しています。
Où sont les ... ? Où se trouvent ... ? Où se situent ... ? ... , ils (elles) sont où ? Où est-ce que je peux trouver ... ?	探したけれど見つからないときの表現
	～が見つかりません。 Je ne trouve pas ... Je n'arrive pas à trouver ...

Où est-ce que je peux trouver des savons ?　石鹸はどこにありますか?

Je ne trouve pas les brosses à dents.　歯ブラシが見つかりません。

2）場所を示す表現

C'est par là.　そのあたりです。 C'est là-bas.　あちらです。 C'est là.　そこです。 C'est ici.　ここです。 C'est ＋場所　［場所］にあります。	～は［場所］にあります。 se trouve ＋場所 Vous allez trouver ça ＋ 場所 Vous pouvez trouver ça ＋ 場所

L'ascenseur, c'est au fond du couloir.　エレベーターは廊下の奥にあります。

Le distributeur se trouve en face de l'entrée.　ATM は入口の向かいにあります。

4　数字を覚えましょう！

81　quatre-vingt-un　　　82　quatre-vingt-deux　　　83　quatre-vingt-trois

84　quatre-vingt-quatre　85　quatre-vingt-cinq　　　86　quatre-vingt-six

87　quatre-vingt-sept　　88　quatre-vingt-huit　　　89　quatre-vingt-neuf

90　quatre-vingt-dix

❶ 空欄に前置詞 de と定冠詞を入れ、必要なものは縮約させましょう。

1）le rayon _____ produits de beauté　美容商品コーナー

2）les heures d'ouverture _____ hypermarché　大型スーパーの開店時間

3）l'attitude _____ caissière　レジ係の態度

4）l'entrée _____ magasin　店の入口

❷ 下から前置詞（句）を選んで空欄に入れましょう。前置詞 de と冠詞の縮約に気をつけてください。

1）Les vigiles sont _____ la sortie.　警備員は出口のとなりにいます。

2）Les enfants sont _____ le chariot !

子どもたちがショッピングカートの中にいるわよ！

3）Les jambons se trouvent _____ les saucisses.

ハムはソーセージの右にあります。

4）Vous pouvez trouver les produits halal juste _____ le rayon

boulangerie.　ハラル製品はパン売り場の後ろにあります。

5）Les escaliers se trouvent _____ les toilettes.　階段はトイレの左側にあります。

6）Au rayon poissonnerie, les poissons frais sont _____ la glace.

魚売り場では、新鮮な魚が氷の上に並んでいます。

7）Les jus de fruits sont _____ les eaux minérales et les produits

laitiers.　フルーツジュースは、ミネラルウォーターと乳製品の間にあります。

8）Tu peux mettre le panier _____ la caisse ?　レジの下にかごを置いてくれる？

9）Il y a la queue _____ la boucherie.　肉屋さんの前に行列ができています。

sur	sous	dans	à côté de	à gauche de	à droite de
devant	derrière	entre			

❸ 数字を聴きとってみましょう。　⓪⑧⑧

a）Il roule à _____ kilomètres heure.　彼は時速〜キロで運転している。

b）Mon grand-père a _____ ans.　祖父は〜歳です。

c）_____ euros, s'il vous plaît.　〜ユーロ、お願いします。

d）Mon numéro de téléphone est le _____ _____ _____ _____ _____.

私の電話番号は〜です。

À vous !
覚えたことを使って表現しよう

あなたはスーパーでアルバイトをしています。入口で年配の男性に商品の場所を尋ねられました。男性の買い物リストを見て、商品の場所を分かりやすく説明しましょう。モデル文を参考にして答えてください。

shampoing
~~vin rouge x2~~
chocolat x4
jambon
jus de fruits (1 L)
un pack de lait

Les shampoings sont au rayon « hygiène et beauté ».
C'est derrière le rayon « fleurs ».

----

1. électroménager		
2. boucherie	3.fromagerie	4. produits laitiers
5. alcools	6. surgelés	7. papeterie
8. boissons	9. épicerie	10. hygiène et beauté
11. produits frais	12. caisse	13. fleurs

sortie   entrée

Vocabulaire 　単語・表現を覚えよう

1　ドキュメントの情報を読み取りましょう。

1) Ce document est 　このドキュメントの種類は

☐ une lettre 　　　　☐ un catalogue
☐ un journal 　　　　☐ un ticket

2) Quel est le prix des produits suivants ?
次の商品の値段はいくらですか？

la carafe	13	euros
l'assiette	_____	euros
la fourchette	_____	euros
la cuillère	_____	euros
le verre	_____	euros

2　イラストを見て、当てはまるキッチン用品の名前を書きましょう。

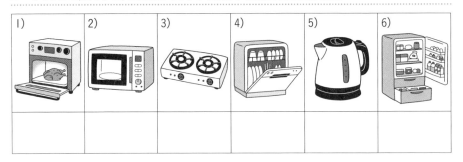

1)	2)	3)	4)	5)	6)

le frigo (le réfrigérateur) 　　le micro-ondes 　　　le four
les plaques 　　　　　　　　le lave-vaisselle 　　la bouilloire

会話を聞いて質問に答えましょう。

蚤の市で客が店員に話しかけています。

Cliente : Cette assiette est très jolie ! Ça coûte combien ?

Vendeur : Seize euros, c'est une assiette du dix-neuvième siècle.

Cliente : Seize euros ? C'est un peu cher...

Vendeur : Alors, treize euros, ça va ?

1) La cliente aime bien l'assiette.

☐ vrai   ☐ faux

2) L'assiette est de quel siècle ?

☐ du seizième siècle   ☐ du dix-neuvième siècle   ☐ du vingtième siècle

3) La cliente va payer

☐ treize euros   ☐ seize euros   ☐ dix-neuf euros

Grammaire 文法と表現を確認しよう

1 値段や支払方法に関する表現

値段を尋ねる表現	値段を答える表現
C'est / Ça coûte combien ? [ひとつのもの] それはいくらですか？	— C'est / Ça coûte 12 euros. — 12 ユーロです。
Ça fait combien ? [複数のもの] 全部でそれはいくらですか？	— Ça fait 12 euros en tout. — 全部で 12 ユーロです。
C'est combien, en tout ? 全部でいくらになりますか？	— C'est 12 euros au total. — 全部で 12 ユーロになります。
Quel est le prix de ... ? 〜の値段はいくらですか？	

値段の高さに関する表現	
C'est cher.　それは高い。 Le prix est intéressant.　割安な値段だ。 C'est bon marché. / Ce n'est pas cher. それは安い。 C'est payant / gratuit. それは有料／無料だ。	Le rapport qualité-prix est bon / intéressant. コストパフォーマンスがよい。 C'est une bonne / mauvaise affaire. それは得な／損な取引だ。

支払方法に関する表現
Comment vous payez ? / Vous réglez comment ?　支払方法はどうされますか？
— En espèces, s'il vous plaît.　— 現金でお願いします。 — Par carte, s'il vous plaît.　— カードでお願いします。 — Par chèque, s'il vous plaît.　— 小切手でお願いします。 — Par paiement mobile, s'il vous plaît.　— スマホ決済でお願いします。 — Je paye avec mon portable / mon téléphone / mon smartphone. — 携帯電話／スマートフォンで支払います。

2 程度を表す表現

程度を表す副詞（句）を形容詞の前に置くと、形容詞にニュアンスがつけられます。

C'est cher.　高い。　→　C'est trop cher.　高すぎる。
C'est très cher.　とても高い。
C'est assez cher.　かなり高い。
C'est un peu cher.　少し高い。

程度を表す副詞に peu があります。un peu は肯定的な意味「少し~ある」を表しますが、peu は否定的な意味「あまり~ない」を表すので注意しましょう。

C'est peu cher.　あまり高くない（=安い）。

3　序数詞

1er / 1ère premier / première	8e　huitième	25e　vingt-cinquième
2e　deuxième / second(e)	9e　neuvième	70e　soixante-dixième
3e　troisième	10e　dixième	71e　soixante et onzième
4e　quatrième	11e　onzième	80e　quatre-vingtième
5e　cinquième	19e　dix-neuvième	81e　quatre-vingt-unième
6e　sixième	20e　vingtième	91e　quatre-vingt-onzième
7e　septième	21e　vingt et unième	100e　centième

序数詞は基数詞に -ième を付けて作ります。1 の序数詞は男性形が premier、女性形が première です。

C'est mon premier voyage en France.　これは私の初めてのフランス旅行です。

second / seconde [s(ə)gɔ̃ / s(ə)gɔ̃d] はあらたまった言い方で、2 番目までしかないものに用いられる傾向があります。普通は deuxième が用いられます。

4　数字を覚えましょう！

91 quatre-vingt-onze　　92 quatre-vingt-douze　　93 quatre-vingt-treize

94 quatre-vingt-quatorze　95 quatre-vingt-quinze　96 quatre-vingt-seize

97 quatre-vingt-dix-sept　98 quatre-vingt-dix-huit

99 quatre-vingt-dix-neuf　100 cent

10
金額について話す

Exercices
練習しよう

❶ 空欄に入れるのにもっとも適当な表現を下から選びましょう。

1）Je prends une cuillère et une fourchette. _____ ?

2）Cette petite assiette fait cent euros !!! _____ !

3）Le couteau est très joli. _____ ?

4）Le frigo coûte seulement quatre-vingt-dix euros. _____ !

> C'est combien   Ça fait combien   C'est cher   Ce n'est pas cher

❷ 空欄に入れるのにもっとも適当な表現を下から選び、文を完成させましょう。

1）Louis est _____ sympathique ! ルイはとても感じがいいね！

2）Je suis _____ contente de ce résultat. 私はその結果にあまり満足していない。

3）Ce manuel est _____ difficile pour elle.

その教科書は彼女にとっては難しすぎる。

4）Leur appartement se trouve _____ proche du centre-ville.

彼らのアパートは中心街のかなり近くにある。

5）Ton sac est _____ lourd ! きみのバッグは本当に重いよ！

6）Je suis _____ fatigué. 私は少し疲れている。

> peu   vraiment   très   assez   un peu   trop

❸ 空欄に適当な序数詞をアルファベで書き入れましょう。

1）On est le _____ avril. 今日は 4 月 1 日だ。

2）Ce sont des peintures du _____ siècle. これらの絵画は 16 世紀のものだ。

3）La reine Elizabeth II fête son _____

anniversaire. 女王エリザベス 2 世は彼女の 94 歳の誕生日を祝う。

4）Théo habite dans le _____ arrondissement

de Paris. テオはパリの 18 区に住んでいる。

❹ 数字を聴きとってみましょう。 095

a）L'Union Soviétique disparaît en 19_____. ソ連は 19 ～年になくなった。

b）C'est le record du monde du _____ mètres. それは～ m 走の世界記録だ。

c）_____ euros _____ centimes, s'il vous plaît. ～ユーロ～サンチーム、お願いします。

d）Ce film dure _____ minutes. この映画は～分ある。

あなたは蚤の市に来ています。気になるものを見つけました。まず店員さんに値段を尋ねるところから始めて、店員さんとのやりとりの続きを完成させましょう。

❶

1) .... ?

Vendeuse　　Ça coûte 130 euros.

130 euros ! 2) .... !

Mais c'est normal ! C'est un verre en cristal... 110 euros, ça va ?

D'accord.

Vous payez comment ?

3) ....

Je ne prends pas la carte, désolée.

Eh bien, 4) .... , s'il vous plaît.

（現金で支払います）

❷

Je prends ces trois assiettes. 1) .... ?

Vendeuse　　Ça fait 12 euros en tout.

2) ....

Eh oui, c'est une bonne affaire ! Vous payez comment ?

3) ....

（カードで支払います）

Très bien.

11 アドバイスする donner des conseils

何かするようにアドバイスすることができる

Vocabulaire 単語・表現を覚えよう

1 グラフを見て、子どもたちに人気の職業ランキングを埋めましょう。

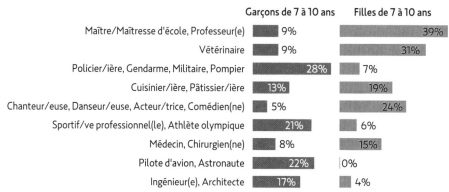

	Garçons de 7 à 10 ans	Filles de 7 à 10 ans
Maître/Maîtresse d'école, Professeur(e)	9%	39%
Vétérinaire	9%	31%
Policier/ière, Gendarme, Militaire, Pompier	28%	7%
Cuisinier/ière, Pâtissier/ière	13%	19%
Chanteur/euse, Danseur/euse, Acteur/trice, Comédien(ne)	5%	24%
Sportif/ve professionnel(le), Athlète olympique	21%	6%
Médecin, Chirurgien(ne)	8%	15%
Pilote d'avion, Astronaute	22%	0%
Ingénieur(e), Architecte	17%	4%

出典：«Regards croisés parents/enfants sur le dream gap», OpinionWay pour Barbie, 2019

garçons		filles	
1		1	
2		2	
3		3	
4		4	

2 イラストと一致する職業を、男性形、女性形の区別にも注意して下から選びましょう。

1)	2)	3)	4)	5)

serveur / serveuse   boucher / bouchère   chocolatier / chocolatière
boulanger / boulangère   charcutier / charcutière

会話を聞いて質問に答えましょう。

ソムリエ学校で生徒が講師に渡仏の相談をしています。

Sébastien : Je voudrais faire un stage dans un restaurant à Paris.

Véronique : Et pourquoi à Paris ?

Sébastien : Parce qu'il y a de bons restaurants là-bas. Et j'aimerais devenir un sommelier comme vous !

Véronique : Dans ce cas-là, il faut aller plutôt à Bordeaux ou en Bourgogne. Et il faut beaucoup de temps pour être un bon sommelier, vous savez ?

---

1) Sébastien voudrait aller à Paris pour

☐ visiter la ville　　☐ faire un stage　　☐ travailler dans un café

2) Véronique est

☐ une bonne cuisinière　☐ une bonne sommelière　☐ une bonne stagiaire

3) Selon Véronique, pour devenir sommelier, il faut aller

☐ à Paris ou à Bordeaux　☐ à Paris ou en Bourgogne

☐ à Bordeaux ou en Bourgogne

4) Véronique dit que, pour être un bon sommelier, il faut

☐ beaucoup de temps　　☐ beaucoup d'argent　　☐ beaucoup de chance

---

Note

comme vous 「あなたのように」。接続詞 commeは「〜のように」の意味です。vousは 強勢形です。

dans ce cas-là 「この場合は」。casは「場 合、ケース」の意味で、ここでは直前にセバス チャンが説明した「ソムリエになりたい」とい う場合を指しています。

vous savez ? 主張内容を強めたり、念を押 したりするときに使います。

1 動詞 savoir の活用

savoir「〜を知っている」	
je sais	nous savons
tu sais	vous savez
il / elle / on sait	ils / elles savent

La ville de Bordeaux est connue pour ses vins. – Oui, je sais !

ボルドーはワインで有名なんだ。− そんなの知っているよ！

2 je voudrais ＋不定詞、j'aimerais ＋不定詞「〜したいです」

願望や希望を伝えるときに vouloir の条件法を用いると、語調が緩和され丁寧な言い回しになります。

Je veux faire un stage à Paris. 私はパリで研修したい。

Je voudrais faire un stage à Paris. 私はパリで研修をしたいのですが。

aimer は「〜が好きです」という意味ですが、条件法で用いると願望を伝える表現になります。

J'aime aller à Bordeaux. （普段から）ボルドーへ行くのが好きです。

J'aimerais aller à Bordeaux. ボルドーへ行きたいです。

3 数量表現

peu de ...	peu de temps　わずかな時間
un peu de ...	un peu d'argent　少しのお金
assez de ...	assez de courage　十分な勇気
beaucoup de ...	beaucoup de motivation　たくさんのやる気
trop de ...	trop de monde　多すぎる人

un peu de は原則的に不可算名詞をともないます。

4 Il y a「（人）がいる、（もの）がある」

人やものの存在を表すときには、非人称構文の il y a を用います。

Il y a deux stagiaires dans cette entreprise. この会社には研修生が二人いる。

Il y a dix-huit régions en France. フランスには 18 の地域圏がある。

Y a-t-il un bon bar à vin près d'ici ? この辺にいいワインバーはありますか？

動詞 falloir は非人称構文で使われ、必要・義務を伝えるときに用います。il faut のあとには名詞、不定詞などを置くことができます。

Il faut beaucoup d'argent pour acheter une maison.

家を買うためには、たくさんのお金が必要だ。（il faut＋名詞）。

Il faut étudier sérieusement pour devenir médecin.

医者になるには一生懸命勉強しなくてはならない（il faut＋不定詞）。

Qu'est-ce qu'il faut faire pour devenir riche ? – Il faut être youtubeur.

お金持ちになるにはどうすればいい？ – ユーチューバーにならなくてはいけないよ。

ただし、il faut＋不定詞が否定文になると、禁止の意味になります。

Pour devenir un bon cuisinier, il ne faut pas fumer.

いい料理人になるためには、タバコを吸ってはいけない。

6　地方名に付く前置詞　103

地方名（régions）には前置詞 en を用います。

Je voyage en Alsace.　私はアルザス地方を旅行する。

Il fait un stage en Bourgogne.　彼はブルゴーニュ地方で研修する。

Nous passons nos vacances en Flandre.　私たちはフランドル地方でヴァカンスを過ごす。

都市名には前置詞 à を用います（6 課参照）。

Vous travaillez à Paris ? – Non, nous travaillons à Versailles.

あなたたちはパリで仕事をしていますか？ – いいえ、ヴェルサイユで仕事をしています。

7　数字を覚えましょう！　104

100 の位の数字を確認しましょう。

100 cent	101 cent un	102 cent deux
200 deux cents	201 deux cent un	202 deux cent deux

525 cinq cent vingt-cinq　　　794 sept cent quatre-vingt-quatorze

971 neuf cent soixante et onze

200、300、400 ... のように切りがいい場合は複数形の s を付けます。ただし、201、202、794 のように後ろに数が続く場合は s を付けません。

Exercices
練習しよう

❶ 次の文を読んで下の枠から関係する職業を選び、例にならって文を書きましょう。

例）J'aime le vin. Je voudrais être sommelier.

1）J'aime les animaux. _____

2）J'aime le sport. _____

3）J'aime faire des gâteaux. _____

4）J'aime chanter et je chante très bien. _____

> sportive professionnelle   chanteur   vétérinaire   pâtissière

❷ 日本語訳を参考にして、空欄に適当な数量表現を入れましょう。

1）_____ vin, s'il te plaît !　ワインを少しちょうだい！

2）Pas _____ sel !　塩を入れすぎないで！

3）Elle a _____ talent pour être une bonne actrice.

彼女はよい女優になる才能にあふれている。

4）Nous avons _____ argent pour aller étudier en France

pendant un an.　私たちには1年間フランスへ留学するお金が十分ある。

5）Il y a _____ médecins dans ce village.

この村にはお医者さんがあまりいない。

❸ 意味を考えながら、空欄に **il faut** か **il ne faut pas** を入れましょう。

1）Pour aller dans un pays étranger, _____ un passeport.

2）Pour être en bonne santé, _____ boire trop d'alcool.

3）_____ partir tout de suite. On est déjà en retard.

❹ 数字を聴きとってみましょう。　**105**

a）Les _____ Dalmatiens est un film d'animation des studios Disney.

『～匹わんちゃん』はスタジオ・ディズニーのアニメ映画だ。

b）Dans cette bouteille, il y a _____ mL de vin.

このビンには～ mL のワインが入っている。

c）Le « _____ » est un modèle de jeans Levi's.

～はリーバイスのジーンズのモデル名だ。

d）Charlemagne est roi des Francs à partir de _____.

シャルルマーニュは～年からフランク王です。

76

À vous !
覚えたことを使って表現しよう

友人があなたに助言を求めています。この課の例文を参考にして、アドバイスしましょう。

1) Pauline

J'aimerais être professeur de français. Qu'est-ce qu'il faut faire ?

2) Ren

Je vais aller à Paris l'année prochaine. Qu'est-ce qu'il faut visiter là-bas ?

3) Jérémie

C'est l'anniversaire de ma mère. Qu'est-ce qu'il faut acheter ?

4) Laure

Je voudrais être athlète olympique. Qu'est-ce qu'il ne faut pas faire ?

11 アドバイスする

指示を与える donner des indications

料理の手順について話すことができる

Vocabulaire 単語・表現を覚えよう

1 ドキュメントの情報を読み取りましょう。

Niveau de difficulté	Facile
Temps de préparation	20 min
Temps de cuisson	0 min
Portion	5 personnes

Liste des ingrédients

- 30 g de sucre
- 30 g de beurre demi-sel
- 6 œufs bien frais
- 200 g de chocolat noir à pâtisser (ou blanc, au lait...)

Étapes de la recette

1. Coupez le chocolat en morceaux, faites-le fondre avec le beurre (au micro-ondes, par exemple).
2. Séparez les blancs des jaunes d'œuf, battez les jaunes avec le sucre.
3. Ajoutez les jaunes et le sucre au chocolat fondu, mélangez et faites refroidir.
4. Battez les blancs en neige avec une pincée de sel et ajoutez-les à la préparation au chocolat.
5. Versez dans un récipient et placez au frigo pendant une nuit.

1) Ce document est

☐ une carte d'un restaurant ☐ une recette de cuisine ☐ une liste de courses

2) Pour préparer cette mousse au chocolat, il faut _____ minutes.

3) C'est pour combien de personnes ? _____ personnes

4) Pour faire cette mousse au chocolat, qu'est-ce qu'il faut comme ingrédients ?
Il faut _____

_____ .

2 下記の動詞の命令形をレシピの中から探して書きましょう。

1) placer _____ 2) ajouter _____
3) couper _____ 4) battre _____
5) verser _____ 6) mélanger _____
7) séparer _____

会話を聞いて質問に答えましょう。

キッシュ・ロレーヌを作っているところです。

Maeva : Et là, qu'est-ce que je mets ? Un peu de lait de soja ? J'adore ça !

Antoine : Mais non, pas de lait de soja. Ajoute du lait de vache.

Maeva : Je mets combien de centilitres ?

Antoine : 20 cL de lait. Et n'oublie pas de mettre aussi de la crème fraîche.

1) Ils ajoutent du lait de soja.

☐ vrai ☐ faux

2) Maeva adore le lait de soja.

☐ vrai ☐ faux

3) Il faut combien de centilitres de lait ?

☐ 20 cL ☐ 25 cL ☐ 80 cL

4) Ils vont mettre aussi

☐ un chou à la crème ☐ de la crème fraîche ☐ de la crème caramel

よく見かける単位の分量を学びましょう！		
une pincée de sel = 1 g	une cuillère à café = 5 mL	une cuillère à soupe = 15 mL
une tasse = 250 mL	une bouteille de vin = 750 mL	un pack de lait = 1L

Note

là ここでは「そのとき、そこで」というように、ある時点や段階を示す副詞です。

cL 「センチリットル」。centilitreの略で、100分の1リットル。ほかにlitreはL、millilitreはmLと略します。

1　動詞 mettre の活用

mettre 「入れる、置く、着る」	
je　mets	nous　mettons
tu　mets	vous　mettez
il / elle / on　met	ils / elles　mettent

2　部分冠詞（2）：数えられないものにつける冠詞

部分冠詞は、液体や粉状のもののような不可算名詞や、抽象名詞に付けられます。

du sel　塩　　　　　　　de la farine　小麦粉　　　　de l'huile　オイル、油

du courage　勇気　　　de la patience　我慢強さ　　de l'humilité　謙虚さ

3　分量を表す単位

un kilo de ...	un kilo d'oignons　玉ねぎ 1kg
100 grammes de ...	100 grammes de beurre　バター 100g
un litre de ...	trois litres d'eau　水 3L
20 centilitres de ...	20 centilitres de crème　クリーム 20cL
une tasse de ...	une tasse de café　1 カップのコーヒー
un verre de ...	un verre de vin　グラス 1 杯のワイン
une cuillère à café de ... (略：càc)	une cuillère à café de sel　塩小さじ 1 杯
une cuillère à soupe de ... (略：càs)	une cuillère à soupe de sauce soja 　　　　　　　　　　大さじ 1 杯の醤油
un paquet de ...	un paquet de pâtes　パスタ 1 袋
un pack de ...	un pack de lait　牛乳 1 パック
une pincée de ...	une pincée de sel　塩 1 つまみ
une tranche de ...	une tranche de jambon　ハムのスライス 1 枚
un morceau de ...	un morceau de sucre　角砂糖 1 個
une gousse de ...	une gousse d'ail　ニンニク 1 かけら

de の後ろには名詞は無冠詞で置かれます。

4　数量を尋ねる combien de ...

数量を尋ねるときに使います。可算名詞・不可算名詞の両方に用いることができ、de の後ろには名詞は無冠詞で置かれます。

Vous mettez combien de morceaux de sucre dans votre café ?

コーヒーに角砂糖を何個入れますか？

5 否定の de

否定文で数量が「ゼロ」の場合、原則、不定冠詞と部分冠詞は de に変わります。

Il a une voiture.　彼は車を一台持っています。

→ Il n'a pas de voiture.　彼は車を持っていません。（持っている車はゼロ）

Je bois de la bière.　ビールを飲みます。

→ Je ne bois pas de bière.　ビールを飲みません。（飲むビールの量はゼロ）

ただし、定冠詞の場合はそのままです。

Je ne prends pas le train de dix heures.　10 時発の電車には乗らない。

6 命令文

	ajouter	faire	être
(tu)	ajoute*	fais	sois
(vous)	ajoutez	faites	soyez
(nous)	ajoutons	faisons	soyons

*-er で終わる動詞の tu の活用（二人称単数）では、動詞の活用語尾にある s がなくなります。

命令文を作るときは、主語を置かず、基本的に動詞を文頭に置きます。

Fais cuire la viande à feu doux.　弱火で肉を焼きなさい。

Mélangez le sucre et la farine !　砂糖と小麦粉を混ぜてください！

Va au supermarché et achète du mirin.　スーパーに行ってみりんを買ってきて。

一人称複数（nous）の命令文は「〜しましょう」という勧誘の意味になります。

Préparons un gâteau ensemble.　ケーキを一緒に準備しましょう。

否定の命令文は動詞を ne ... pas ではさんで作ります。

N'oublie pas d'éplucher ces pommes de terre pour demain.

明日用にこのジャガイモの皮をむき忘れないでね。

7 数字を覚えましょう！

1 000　mille	1 001　mille un	1 100　mille cent
1 200　mille deux cents	1 201　mille deux cent un	2 000　deux mille
10 000　dix mille	100 000　cent mille	1 000 000　un million
2 000 000　deux millions	2 000 001　deux millions un	10 000 000　dix millions

mille はつねに単数形で用い、s を付けることはありません。

12
指示を与える

❶ 動詞 **mettre** の活用を（ ）に、適当な部分冠詞を［ ］に入れて文を完成させましょう。

1) Tu (   ) [   ] sucre dans ton thé ?   紅茶に砂糖を入れる？

2) Je (   ) [   ] vinaigrette.   私はドレッシングを入れる。

3) Il (   ) [   ] vin dans son verre.   彼はグラスにワインを入れます。

4) Vous (   ) [   ]eau dans la casserole ?   鍋に水を入れますか？

5) Elles (   ) [   ] confiture dans un pot.

彼女たちは小瓶にジャムを入れます。

❷ 日本語訳を参考にして、空欄に適当な数量表現を入れましょう。

1) 3枚のハム _____ jambon   2) 角砂糖2個 _____ sucre

3) 1kgのニンジン _____ carottes   4) 小さじ1杯の醤油 _____ sauce soja

5) カップ1杯のコーヒー _____ café   6) 200gの牛肉 _____ bœuf

❸ 次の文を命令文に書き直しましょう。

1) Vous ajoutez des légumes dans la poêle.   フライパンに野菜を加える。

     → _____

2) Vous n'ouvrez pas la porte du four.   オーブンのドアを開けない。

     → _____

3) Tu coupes les carottes en petits morceaux.   ニンジンを細かく切る。

     → _____

4) Vous faites mijoter de la viande de porc.   豚肉を煮込みます。

     → _____

❹ 数字を聴きとってみましょう。   **114**

a) 1 mètre, ça fait _____ millimètres.   1メートルは~ミリメートルです。

b) On va peut-être pouvoir voyager sur la Lune en _____.

~年には、おそらく月に旅行することができるだろう。

c) Michel Foucault est mort en _____.   ミシェル・フーコーは~年に亡くなった。

d) Ce footballeur gagne _____ d'euros par an.

このサッカー選手は年に~ユーロ稼いでいる。

肉じゃがのレシピがあります。空欄に入れる命令文を下の文から選び、レシピを完成させましょう。この課の文法説明や練習問題に出てくる語彙や表現を参考にしてください。

Recette du nikujaga (ragoût de bœuf et de pommes de terre)

1. 1) _____

2. 2) _____

3. Faites chauffer de l'huile d'olive dans une poêle à feu moyen.

4. Faites cuire la viande.

5. 3) _____

6. Ajoutez les pommes de terre, l'oignon et les carottes.

7. Ensuite, ajoutez l'eau, le saké de cuisine et le bouillon dashi.

8. Ajoutez le sucre et le mirin et faites cuire 5 minutes.

9. Ensuite, ajoutez la sauce soja et faites mijoter 5 minutes.

10. 4) _____

11. 5) _____

a) Faites mijoter la viande pendant 10 minutes à feu doux.

b) Épluchez et coupez en morceaux les pommes de terre et les carottes.

c) Enfin, servez avec du riz blanc. Bonne dégustation !

d) Tout d'abord, coupez la viande et l'oignon en tranches fines.

e) Faites mijoter encore 5 minutes.

Vocabulaire 単語・表現を覚えよう

1 ドキュメントの情報を読み取りましょう。

Heure	Destination	Vol	Porte	Observations	Enregistrement
15:20	Malte	KM 643	J38	Dernier appel	A
15:45	Montréal	AF 245	E23	Embarquement	BC
15:55	Rome Fiumicino	AZ 228	D24	Retardé	D
16:10	Berlin	LH 522	J26	Embarquement	BC
16:25	Zurich	SR 1430	M22	À l'heure	A

1）Nous sommes

　　☐ dans une mairie　　☐ dans une gare　　☐ dans un aéroport

2）イラストを見て、ローマ行きの便に乗るための必要情報を埋めましょう。

numéro de la porte　ゲート番号	statut du vol　運行状況
comptoir d'enregistrement　チェックインカウンターの番号	

2 語彙の空欄に、もっとも関係の深いイラストの記号を入れましょう。

1）une carte d'embarquement (　　)
2）un steward / une hôtesse de l'air (　　)
3）un passager / une passagère (　　)
4）un comptoir (　　)
5）un chariot (　　)
6）un passeport (　　)
7）un bagage à main (　　)
8）une valise (　　)

メールのやりとりを読んで質問に答えましょう。

Madame,

Je vous écris pour vous annoncer la date de mon arrivée à Bruxelles : le 22 août, à 13h50. C'est le vol NH206.

Pouvez-vous venir me chercher à l'aéroport ?

Cordialement,

Atsushi Kurosawa

Cher Atsushi,

Je vous remercie pour votre message. Mon mari va aller vous chercher à l'aéroport : attendez-le à la porte D, s'il vous plaît. Je lui donne les informations sur votre voyage.

Bien à vous,

Alice Vogel

1) Atsushi écrit la lettre à Alice pour demander

   ☐ l'heure   ☐ un service   ☐ son âge

2) Atsushi demande à Alice de venir le chercher à l'aéroport.

   ☐ vrai   ☐ faux

3) Qui va aller chercher Atsushi à l'aéroport ?

   ☐ Alice   ☐ le mari d'Alice   ☐ le fils d'Alice

Note

Pouvez-vous ... ? 依頼の意味を表す pouvoirです。

venir me chercher venir+不定詞で「～しに来る」という意味になっています。近接過去を表すvenir de+不定詞との使い分けに注意してください(8課参照)。

va aller vous chercher 「～しに行く」という意味のaller+不定詞の形が、さらに「～することになっている」という近接未来になっています(8課参照)。

sur 「～について」。主題を表します。

1　動詞 écrire、attendre の活用　〔116〕

écrire「書く」			
j' écris		nous écrivons	
tu écris		vous écrivez	
il / elle / on	écrit	ils / elles	écrivent

attendre「～を待つ」			
j' attends		nous attendons	
tu attends		vous attendez	
il / elle / on	attend	ils / elles	attendent

attendre 型活用の動詞には、ほかに entendre「～が聞こえる、～を聞く」、répondre「答える」などがあります。

2　目的語の人称代名詞　

主語	直接目的語	間接目的語	主語	直接目的語	間接目的語
je	me (m')	me (m')	nous	nous	nous
tu	te (t')	te (t')	vous	vous	vous
il elle on	le (l') la (l') —	lui —	ils elles	les	leur

je、me、te、le、la は、母音または無音の h の前ではエリズィオンします。

on は主語としてのみ用い、目的語としては用いません。

1) 動詞に直接結び付く目的語は**直接目的語**、前置詞を介して動詞に結び付く目的語は**間接目的語**と呼ばれます。

　　Je cherche Camille.　私はカミーユを探している。（直接目的語）
　　Elle répond à Noa.　彼女はノアに返事をする。（間接目的語）

2) 目的語の人称代名詞は、関係する動詞の直前に置かれます。

　　Je le / la cherche.　私は彼／彼女を探している。
　　Elle lui répond.　彼女は彼／彼女に返事をする。

3) 否定形にする場合には、代名詞と動詞の両方を ne ... pas ではさみます。

　　Je ne le / la cherche pas.　私は彼／彼女を探さない。
　　Elle ne lui répond pas.　彼女は彼／彼女に返事をしない。

4) 肯定命令文の場合には、代名詞を動詞のあとに置き、トレ・デュニオンで結びます。

　　Vous cherchez Xavier.　あなたはグザヴィエを探す。
　　→ Cherchez-le.　彼を探しなさい。
　　Tu réponds à Élise.　きみはエリーズに返事をする。
　　→ Réponds-lui.　彼女に返事しなさい。

5) pouvoir や aller などの準助動詞と不定詞が組み合わせて用いられる場合、不定詞の目的語となる代名詞は不定詞の直前に置かれます。

Je vais voir Élise.　私はエリーズに会いに行く。

→ Je vais la voir.　私は彼女に会いに行く。

Tu peux téléphoner à Xavier ?　グザヴィエに電話してくれる？

→ Tu peux lui téléphoner ?　彼に電話してくれる？

3　メール・手紙の表現　(118)

メールを書く場合には、以下の順に書きます。手紙やはがきの場合には日付、書いた場所を書き加えることもあります。

<table>
<tr><td rowspan="2">
1) De（差出人）
À（宛先）
Cc
Cci（=BCC）
2) Objet（件名）
3) 書き出しの表現
4) 本文
5) 結びの表現
6) 署名
</td><th>書き出しの表現</th><th>結びの表現</th></tr>
<tr>
<td>・インフォーマルな表現
[名前のみ],
Salut [名前],
Bonjour [名前],
Cher / Chère [名前],</td>
<td>À plus,
Amicalement,
Amitiés,
Bises,
Je t'embrasse,</td>
</tr>
<tr>
<td></td>
<td>・フォーマルな表現
Monsieur,
Madame,
Madame, Monsieur,（相手の性別が分からないとき）</td>
<td>Cordialement,
Bien cordialement,
Bien à vous,</td>
</tr>
</table>

4　数字を覚えましょう！　(119)

数字の発音に関する注意点を確認しましょう。

1) six、huit、dix では子音の前で語末音が発音されなくなります。

six [sis] / six billets [sibijɛ]

2) une、quatre、cinq、sept、huit、neuf は、母音の前でアンシェヌマンをします。

＊ neuf は ans、heures の前でだけ [nœv] となります。

une [yn] / une heure [ynœr]

neuf [nœf] / neuf avions [nœfavjɔ̃] / neuf heures [nœvœr]

3) un、deux、trois、six、dix は母音の前でリエゾンします。

＊ deux、six、dix の語末の x はリエゾンで [z] と発音します。

un [œ̃] / un avion [œ̃navjɔ̃]　　　deux [dø] / deux avions [døzavjɔ̃]

❶ 次の文章の下線部を人称代名詞に変えて全文を書き直してください。

1) Ils connaissent <u>Yuki</u>.　彼らはユキを知っている。→ _____

2) Elle met <u>ses chaussures</u>.　彼女は靴を履く。→ _____

3) Nous donnons un conseil <u>à Théo</u>.　私たちはテオに助言する。

　　→ _____

4) Je vais vendre <u>mon vélo</u>.　私は自分の自転車を売るつもりだ。

　　→ _____

5) Elles répondent <u>à leurs parents</u>.　彼女たちは両親に返事する。

　　→ _____

6) Vous n'entendez pas bien <u>sa voix</u> ?　彼（女）の声がよく聴こえませんか？

　　→ _____

7) Vous pouvez écrire un mail <u>à Claude</u>.　あなたはクロードにメールを書くことができる。

　　→ _____

❷ 次の質問に肯定あるいは否定で答えてください。

1) Cette chemise te plaît ?　このシャツ気に入った？　— Oui, elle _____

2) Votre fils vous écrit souvent ?　息子さんはあなたたちによく手紙を書きますか？
　　— Non, il _____

3) Tes enfants t'obéissent ?　子どもたちはあなたの言うことをよく聞く？
　　— Non, ils _____

❸ 下線部を代名詞にして、次の文を命令法にしてください。

1) Tu téléphones <u>à Alba</u>.　きみはアルバに電話する。→ _____

2) Tu réponds <u>à Marion</u> tout de suite.　きみはすぐにマリオンに返事する。

　　→ _____

3) Nous attendons <u>Robert</u> encore un peu.　私たちはもう少しロベールを待つ。

　　→ _____

4) Vous parlez de votre voyage <u>à M. et Mme Dupont</u>.

　　あなたはデュポン夫妻にあなたの旅行について話す。

　　→ _____

❹ 数字を聴きとってみましょう。　　⓬⓪

a) Il a _____ ans.　彼は〜歳だ。

b) Le numéro du vol est le NH_____.　フライトナンバーは、NH〜です。

c) On visite _____ pays en une semaine !　私たちは一週間に〜か国を訪ねます！

d) Ils ont _____ enfants.　彼らには〜人の子どもがいる。

À vous !
覚えたことを使って表現しよう

西川さくらさん（女性・大学生）は、メモに書いてある便でパリに行く予定です。ホストファミリーのルデュック (Leduc) さん夫妻（60代）に初めてメールをします。名前と大学生であることを伝えましょう。また、飛行機の到着日時を教えて、空港に迎えに来てもらうように頼みましょう。

```
Date : le 30 mai
Heure d'arrivée : 6h20
Numéro de vol : NH267
```

De :	sakura.nishikawa@lecon13.jp
À :	leduc-france@tree.fr
Objet :	Arrivée en France

Vocabulaire 単語・表現を覚えよう

1 ドキュメントの情報を読み取りましょう。

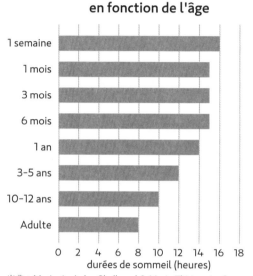

Evolution des durées de sommeil en fonction de l'âge

durées de sommeil (heures)

出典：Marie-Josèphe Challamel & Marie Thirion, *Le Sommeil, le rêve et l'enfant*, Albin Michel, 2011, p. 93

1) Ce tableau indique le temps de sommeil selon
☐ le sexe
☐ l'âge
☐ la profession

2) Le temps moyen de sommeil d'un enfant de six mois est de
☐ dix heures
☐ quatorze heures
☐ quinze heures

3) Un enfant de quatre ans dort en général dix heures.
☐ vrai   ☐ faux

2 イラストが表す動詞を下から選びましょう。

se réveiller   se brosser les dents   s'habiller   se laver
se raser   se coucher   se coiffer   se maquiller

会話を聞いて質問に答えましょう。

リュシーは健康に関する街頭アンケートを受けています。

Djibril : Vous faites quelque chose de particulier pour la santé ?

Lucie : Oui, chaque matin, je me lève à six heures. Au petit déjeuner, je bois toujours du jus de légumes. Ensuite, je fais du yoga pendant une demi-heure avant d'aller à la salle de sport, et là...

Djibril : Attendez... vous faites ça tous les matins ? Vous ne vous reposez jamais !

---

1) Chaque matin, Lucie se lève à

□ six heures   □ six heures trente   □ sept heures

2) Elle boit du jus de légumes tous les matins.

□ vrai   □ faux

3) Avant d'aller à la salle de sport, elle fait

□ du jogging   □ du yoga   □ de la danse

Note

quelque chose de particulier 「何か特別なこと」。quelque chose de＋形容詞で「何か（形容詞）なこと」という意味になります（17課参照）。

chaque matin 「毎朝」。chaqueは単数名詞と一緒に用いられ、「毎〜」という意味になります。

ensuite 「そのあとで、次に」というように、時間や場所を示す副詞です。

pendant une demi-heure 「30分間」。pendantは「〜の間」という意味の前置詞です。

avant de＋不定詞 「〜する前に」。

14 習慣について話す

1　動詞 boire の活用

boire「〜を飲む」	
je　bois	nous　buvons
tu　bois	vous　buvez
il / elle / on　boit	ils / elles　boivent

Qu'est-ce que vous buvez le soir ?　– Nous buvons du vin.

夜、何を飲みますか？－私たちはワインを飲みます。

2　代名動詞

主語と同じ人やものを表す再帰代名詞をともなった動詞を代名動詞と呼びます。下の表では、太字になっている部分が再帰代名詞です。再帰代名詞は主語に応じて変化します。

se laver「体を洗う」		se lever「起床する」	
je　**me** lave	nous　**nous** lavons	je　**me** lève	nous　**nous** levons
tu　**te** laves	vous　**vous** lavez	tu　**te** lèves	vous　**vous** levez
il / elle / on　　**se** lave	ils / elles　　**se** lavent	il / elle / on　　**se** lève	ils / elles　　**se** lèvent

Vous vous levez à quelle heure ?　何時に起きますか？

Je me couche à vingt-trois heures.　23 時に寝る。

Je m'amuse avec des amis après les cours.　放課後、友達と遊ぶ。

1）代名動詞の再帰的用法

基本的に代名動詞は 4 つの用法に分けられますが、ここでは再帰的用法を学習しましょう。

「彼女は彼女自身にシャワーを浴びせる（彼女はシャワーを浴びる）」というように、動詞の行為がおよぶ対象が主語と一致する場合、代名動詞を用います。これを代名動詞の再帰的用法と呼びます。

Je me douche à huit heures du matin.　朝 8 時にシャワーを浴びる。

行為のおよぶ対象が自分の身体部位である場合には、動詞のあとに直接目的語が置かれますので注意してください。

Je me lave les cheveux tous les soirs.　毎晩髪を洗います。

2）代名動詞の否定文を作るときは、再帰代名詞と動詞を ne ... pas ではさみます。

Je ne me réveille pas tôt le week-end.　週末は早起きしない。

3) 代名動詞の疑問文には、これまでと同じく3通りの作り方があります。

Tu te promènes à seize heures ?
Est-ce que tu te promènes à seize heures ?　あなたは16時に散歩しますか？
Te promènes-tu à seize heures ?

4) 代名動詞の命令文において、再帰代名詞は動詞の後ろに置かれます。倒置なのでトレ・デュニオンを入れるのを忘れないようにしましょう。

Vous vous asseyez.　あなたは座る。　→ Asseyez-vous.　座りなさい。

命令文で te が動詞の後ろに置かれると、toi に変わります。

Tu te couches avant dix heures.　きみは10時前に寝る。
→ Couche-toi avant dix heures.　10時前に寝なさい。

否定命令文の場合は、ne ... pas で動詞をはさみます。

Ne vous énervez pas !　イライラしないでください！
Ne t'inquiète pas !　心配しないで！

3　tous les / toutes les ...「すべての〜」　(124)

「毎朝」「毎晩」のように「すべての」と言うとき、男性名詞なら tous les、女性名詞なら toutes les を用います。

tous les matins　毎朝　　　　　toutes les semaines　毎週
tous les étudiants　すべての男子学生　　　toutes les étudiantes　すべての女子学生

tous les matins も chaque matin も「毎朝」という訳になります。tous les / toutes les は個々の全体を示しますが、chaque はそれぞれに焦点を当ててとらえています。

4　数字を覚えましょう！　(125)

数字の発音に関する注意点を確認しましょう。

1) dix-sept [disɛt]、dix-huit [dizɥit]、dix-neuf [diznœf] の発音に気をつけましょう。

2) vingt の発音は [vɛ̃] ですが、21 から 29 では [vɛ̃t] と発音されます。ただし、quatre-vingt-un から quatre-vingt-dix-neuf までは、[vɛ̃] と発音されます。

3) vingt et un は、vingt のあとリエゾンしますが、et のあとはリエゾンしません。31、41、51、61、71 についても同様です。

4) 一般的に、onze は先行する語とエリズィオン、リエゾンしません。

le onze avril　4月11日　　　　Les onze enfants [leɔ̃zɑ̃fɑ̃]　11人の子ども

Exercices
練習しよう

❶ （　）の動詞を適当な形に活用させて空欄に入れましょう。

1）Vous ＿＿＿＿＿＿＿＿＿ à quelle heure ? (se coucher)　何時に寝ますか？

2）Que ＿＿＿＿-vous au petit déjeuner ? (boire)　朝食時に何を飲みますか。

3）Je ＿＿＿＿＿＿＿ tôt. (se réveiller)　私は早起きだ。

4）Tu ＿＿＿＿＿＿ à sept heures et demie ? (se lever)　7時半に起きるの？

5）Elles ＿＿＿＿ du café après le dîner. (boire)　彼女らは夕飯後にコーヒーを飲みます。

❷ 次の文を否定文にしましょう。

1）Je me promène tous les soirs.　私は毎日夜に散歩する。

→ ＿＿＿＿＿＿＿＿＿＿＿＿＿＿＿＿＿＿＿＿＿＿＿

2）Il s'habille en noir.　彼は黒い服を着る。

→ ＿＿＿＿＿＿＿＿＿＿＿＿＿＿＿＿＿＿＿＿＿＿＿

3）Les enfants se brossent les dents avant d'aller au lit.　子どもたちは就寝前に歯を磨く。

→ ＿＿＿＿＿＿＿＿＿＿＿＿＿＿＿＿＿＿＿＿＿＿＿

❸ （　）の動詞を使って命令文を完成させましょう。

1）＿＿＿＿＿＿＿＿＿＿＿＿＿ un peu ! (se détendre)　少し落ち着きましょう！

2）＿＿＿＿＿＿＿＿＿＿＿＿＿ bien ! (s'amuser)　楽しんでね！

3）Vous êtes malade ? ＿＿＿＿＿＿＿＿＿＿＿＿ aujourd'hui ! (ne pas se doucher)　具合が悪いんですか？今日はシャワーを浴びないでください！

❹ **tout** を変化させて、次の文の空欄を埋めましょう。

1）Nous allons au théâtre ＿＿＿＿ les mois.　私たちは、毎月劇場に行く。

2）Je me réveille ＿＿＿＿ les heures.　私は毎時間目が覚める。

3）Il déjeune avec ses amis ＿＿＿＿ les midis.

彼はお昼にいつも友達と昼食をとる。

❺ 数字を聴きとってみましょう。

126

a）Son père a ＿＿ ans.　彼の父は～歳だ。

b）Elle rentre à ＿＿ heures.　彼女は～時に帰る。

c）Tu te couches à ＿＿ heures ?　～時に寝るの？

d）Il est né le ＿＿ juin.　彼は6月～日生まれだ。

À vous !
覚えたことを使って表現しよう

1) イラストを見て、ヤンの一日を口頭で紹介しましょう。

La journée de Yann		
06h00	06h30	07h00
Je me lève.	Je prends le petit déjeuner.	Je me brosse les dents.
07h15	08h00	09h00
Je me lave.	Je m'habille et je me coiffe.	J'arrive au travail.
18h30	20h00	23h30
Je rentre chez moi.	Je dîne.	Je me couche.

2) 自分の一日の生活を口頭で紹介してみましょう。

15 | 注文する **commander**

レストランで注文することができる

Vocabulaire 単語・表現を覚えよう

**FORMULES VALABLES UNIQUEMENT
LE MIDI**

ENTRÉE + PLAT ou PLAT + DESSERT
    15€ (+ supplément)
ENTRÉE + PLAT + DESSERT
    20€ (+ supplément)

ENTRÉES
* Salade niçoise
* Œuf parfait aux asperges
* Maquereau mariné à l'huile d'olive

PLATS
* Porc confit aux légumes d'hiver
* Pavé de cabillaud aux lentilles + 2€
* Filet de bœuf aux morilles + 5€

DESSERTS
* Tarte aux pommes, glace au yaourt
* Millefeuille à la vanille
* Café gourmand + 2€

---

1 ドキュメントの情報を読み取りましょう。

1) Ce document est
   - ☐ un calendrier
   - ☐ un tableau d'école
   - ☐ un menu de restaurant

2) On propose ces plats pour
   - ☐ le petit déjeuner
   - ☐ le déjeuner   ☐ le dîner

3) Pour le plat, on peut choisir
   - ☐ du porc   ☐ un œuf parfait
   - ☐ une tarte

4) La formule complète (entrée + plat +
   dessert) coûte au moins
   - ☐ quinze euros   ☐ seize euros
   - ☐ vingt euros

2 以下の飲み物を、適当なグループに分類しましょう。

Boissons alcoolisées	Boissons non alcoolisées

une coupe de champagne, un expresso, un thé, un kir,
une bouteille d'eau gazeuse, une bière, un verre de vin rouge,
un jus d'orange, une bouteille d'eau minérale

会話を聞いて質問に答えましょう。

ルイーズとウェイターが話しています。　

Serveur : **Vous avez choisi ?**

Louise : **Oui, je prends une dorade grillée.**

Serveur : **Je suis désolé, on n'en a plus, mais on a reçu des espadons ce matin. Ils sont excellents, d'après le chef.**

Louise : **Ah, je n'ai jamais mangé d'espadons. Alors, je vais en prendre un.**

1) Louise

　　□ commande quelque chose　□ demande l'addition　□ réserve une table

2) Il n'y a plus d'espadons dans ce restaurant.

　　□ vrai　　　　　　　　□ faux

3) Louise n'a jamais mangé d'espadons.

　　□ vrai　　　　　　　　□ faux

4) Qu'est-ce qu'elle a choisi, finalement ?

　　□ un saumon　　　　　　□ une dorade　　　　　　□ un espadon

Note

prendre　ここでは「注文する」の意味です。

une dorade　「ヨーロッパヘダイ」。une dauradeと綴ることもあります。

reçu　動詞recevoirの過去分詞。

un espadon　「メカジキ」。

15
注文する

1　複合過去（1）：avoir を助動詞にとるもの

複合過去は、過去の行為や出来事、あるいはその結果である現在の状態を表すのに用いられる時制です。多くの動詞の複合過去は、助動詞 avoir に過去分詞を組み合わせて作られます。

manger の複合過去（過去分詞 mangé）	
j' **ai mangé**	nous **avons mangé**
tu **as mangé**	vous **avez mangé**
il / elle / on **a mangé**	ils / elles **ont mangé**

・**おもな動詞の過去分詞**

-er 動詞	-er → **-é**	aimer → aim**é**　manger → mang**é**
-ir 動詞の大部分	-ir → **-i**	finir → fin**i**　choisir → chois**i**　agir → ag**i**
不規則動詞	avoir → eu　　boire → bu　　connaître → connu devoir → dû　dire → dit　écrire → écrit　être → été faire → fait　lire → lu　mettre → mis　ouvrir → ouvert pouvoir → pu　prendre → pris　savoir → su voir → vu　vouloir → voulu	

　Il a pris un risotto comme plat.　彼はメインにリゾットを注文した。

複合過去の否定は助動詞 avoir を ne ... pas ではさんで作ります。また、目的語人称代名詞は助動詞の前に置かれます。

　Tu n'as pas vu Monsieur Dupont hier soir ? – Mais si, je l'ai vu.

昨日の夜、デュポン氏には会わなかったの？－いや、会ったよ。

2　さまざまな否定表現

　Je ne peux plus manger !　もう食べられない！
　Je n'ai jamais bu de saké.　一度も日本酒を飲んだことがない。
　Il n'y a rien dans le frigo.　冷蔵庫には何もない。
　Il n'y a personne dans cette salle.　その部屋には誰もいないです。
　Il n'y a aucun problème.　まったく問題ありません。

制限を表す表現 ne ... que「～しかない」は、厳密には否定ではないため、直接目的語の不定冠詞・部分冠詞は de には変化しません（→ 12 課「否定の de」参照）。

　Elle ne prend qu'une salade.　彼女はサラダしか注文しない。

3　中性代名詞 en

性数の変化をしない代名詞は**中性代名詞**と呼ばれ、原則的に動詞の直前に置かれます。複合過去の場合は助動詞の前に、pouvoir や aller などの準助動詞と不定詞が組み合わせて用いられている場合には、不定詞の直前に置かれます。

用法

1) 場所を示す de に代わる。

Quand est-ce que tu es revenu de Paris ? – J'en suis revenu avant-hier.

いつパリから戻ったの？ – おとといだよ。

2) 不定冠詞、部分冠詞や数詞、数量表現、不定形容詞をともなう語に代わる。

Avez-vous des pièces de cinquante centimes ?　50 サンチーム硬貨をお持ちですか？

– Oui, j'en ai.　– はい、持っています。

– Non, je n'en ai pas.　– いいえ、持っていません。

en に代わっても、数詞、数量表現、不定形容詞は後ろに残しておきます。

Tu as mangé beaucoup de frites ?　たくさんフライドポテトを食べたの？

– Oui, j'en ai mangé beaucoup.　– うん、たくさん食べたよ。

– Non, je n'en ai mangé aucune.　– いや、まったく食べなかったよ。

3) de をともなった名詞などに代わる。

Tu as parlé de ton projet avec Caroline ?　計画についてカロリーヌと話した？

– Oui, j'en ai déjà parlé.　– うん、もう話したよ。

– Non pas encore, mais je vais en parler tout à l'heure.

– いや、まだだけどあとで話すよ。

4　注文に関する表現　🔊132

Vous avez choisi ? お決めになりましたか？	Je n'ai pas encore choisi. まだ決めていません。
Vous voulez boire quelque chose ? 何か飲まれますか？	Un moment, s'il vous plaît. もう少し待ってください。
Vous souhaitez un dessert ? デザートはいかがですか？	Je prends / Je vais prendre …, s'il vous plaît. 〜にします。

5　数字を覚えましょう！

数字と綴り字の注意点を確認しましょう。

1) 21、31、41、51、61、71 は十の位と一の位を et で結びます。それ以外の 17 から 99 までの数は十の位と一の位をトレ・デュニオンで結びます（20、30、40、50、60 は除く）。

　21　vingt et un　　　　　22　vingt-deux　　　　　71　soixante et onze

2) 80 は「20 の 4 倍」の意味なので、vingt に s を付けます。ただし、後ろに数が続く場合には s を付けません。

　80　quatre-vingts　　　91　quatre-vingt-onze　　　80 000　quatre-vingt mille

Exercices
練習しよう

❶ 日本語訳を参考にして、（　）内の動詞を適当な複合過去形に書き換えましょう。

1）Nous _____ des aubergines. (acheter)　私たちはナスを買った。

2）Vous _____ mon chien ? (voir)　私の犬を見ませんでしたか？

3）Elle _____ par téléphone. (faire une réservation)

彼女は電話で予約した。

4）J' _____ dans ce restaurant. (vouloir dîner)

私はそのレストランで夕食をとりたかった。

5）Je _____ ce cours. (pouvoir prendre)

このレッスンを取れなかった。

❷ 質問に（　）内の語句を使って否定文で答えてみましょう。

1）Elle fait du sport ? (ne ... plus)
　— Non, _____ .

2）Vous entendez quelque chose ? (ne ... rien)
　— Non, _____ .

3）Vous allez à l'opéra ? (ne ... jamais)
　— Non, _____ .

4）À ton avis, il a une chance de gagner ? (ne ... aucune)
　— Non, _____ .

❸ 中性代名詞 en を用い、質問に肯定または否定で答えてください。

1）Est-ce que vous venez d'Algérie ?　アルジェリアのご出身ですか？
　— Oui, _____ .

2）Tu as acheté des courgettes ?　ズッキーニは買った？
　— Oui, _____ .

3）Dois-je parler de ce projet avec mes parents ?

その計画について両親と相談しなければいけませんか？

　— Oui, _____ .

❹ 数字を書いてみましょう。

a）43 _____

b）31 _____

c）80 _____

d）95 _____

À vous !
覚えたことを使って表現しよう

セバスチャン、オドレイ、フレデリックの 3 人が、レストランで注文を決めています。彼らの好みや希望を参考にしてそれぞれのメインディッシュを選び、注文してみましょう。

Sébastien : Je mange tous les jours du poisson. Je veux en manger aujourd'hui aussi.

Audrey : Je n'ai jamais mangé de porc, parce que je suis allergique. Je n'aime pas le poisson et les légumes. Comme j'ai mangé du bœuf à midi, je veux essayer autre chose.

Frédéric : Je n'ai jamais mangé de viande, parce que je suis végétarien.

PLATS
* Carpaccio de bœuf
* Poulet rôti
* Côtes de porc, sauce au poivre
* Dorade au four aux pommes de terre
* Risotto aux légumes

Le serveur : Vous avez choisi ?

Sébastien : Oui... Je 1) _____ .

Le serveur : Et Madame ?

Audrey : Oui… moi, je 2) _____ .

Le serveur : Et Monsieur ?

Frédéric : Oui, je 3) _____ .

15
注文する

過去の出来事を語る raconter des événements passés

旅行について話すことができる

Vocabulaire 単語・表現を覚えよう

1 フランス人のヴァカンスに関する調査結果を見て、質問に答えましょう。

Destinations préférées des Français :

- France : 57%
- Espagne : 16%
- Italie : 8%
- Portugal : 7%

Préférences des Français :

- Au bord de la mer : 61%
- A la montagne : 18%

Budget moyen pour les vacances d'été :

1 993 euros

出典 : « Les vacances d'été des Européens, des Américains et des Asiatiques », Baromètre Ipsos / Europ Assistance, 18ème édition, 2018

1) Les Français partent en vacances plutôt
☐ à l'étranger
☐ en France

2) Ils préfèrent partir en vacances
☐ à la mer
☐ à la montagne

3) En moyenne, ils dépensent au moins 2 000 euros pour leurs vacances.
☐ vrai
☐ faux

2 写真と対応する乗り物名を線でつなげましょう。また、その乗り物ともっとも関係の深い語彙を下から選び、記号を（ ）に入れましょう。

1)	2)	3)	4)	5)	6)
( )	( )	( )	( )	( )	( )

un avion   un bateau   un bus   un métro   un train   une voiture

a) une gare   b) un aéroport   c) une station
d) un arrêt   e) un parking   f) un port

会話を聞いて質問に答えましょう。

職場で2人が去年の旅行について話しています。

Mathis : Tu es allée en Asie l'été dernier, c'est ça ?

Léonie : Oui, j'y suis allée en août dernier : une vraie aventure !
D'abord, j'ai pris l'avion jusqu'au Vietnam. Ensuite, je
suis partie au Cambodge en train.

Mathis : Et tu as visité la Thaïlande aussi ?

Léonie : Oui, j'y suis restée trois jours et j'ai fait le tour de
Bangkok à pied.

1) Léonie est allée en Asie

☐ en été ☐ en automne ☐ en hiver

2) Léonie est allée au Vietnam

☐ à pied ☐ en avion ☐ en train

3) Elle est restée en Thaïlande

☐ trois jours ☐ treize jours ☐ trois semaines

Note

c'est ça ?　「〜、そうですよね?」と前述の内
容を確認するときに用いられる表現です。

時系列に沿って話を展開させるための表現
　d'abord「まず」→ ensuite / puis「次に」
→ enfin「ついに、終いに」

dernier / dernière　時を表す名詞のあとで
「(現在を起点として)前の、直前の」という
意味になる形容詞です。l'été dernier「こ
の前の夏」、la semaine dernière「先週」、
le mois dernier「先月」、l'année dernière
「去年」

jusqu'à　「〜まで」。場所や時間を表す表現
とともに用います。
　(場所)aller jusqu'à Brest　「ブレストまで
行く」
　(時間)rester jusqu'à vingt-trois heures
「23時まで残る」

16
過去の出来事を語る

1　複合過去（2）：être を助動詞にとるもの　

複合過去形は、助動詞 être ＋過去分詞の形をとるときがあります。助動詞が avoir か être かは、動詞によって決まります。

場所の移動や状況の変化を意味する以下の自動詞は、複合過去形で助動詞に être をとります。

・**助動詞に être をとる動詞とその過去分詞**

aller 行く allé	venir 来る venu	entrer 入る entré	sortir 外出する sorti	partir 出発する parti	arriver 到着する arrivé
monter 上がる monté	descendre 下りる、降りる descendu	rester とどまる resté	rentrer 帰る rentré	revenir 戻る revenu	retourner 戻る retourné
passer 通る passé	tomber 落ちる tombé	devenir 〜になる devenu	naître 生まれる né	mourir 死ぬ mort	

　Il est parti en Europe.　彼はヨーロッパに向けて出発した。

　Tu n'es jamais allé en Asie !?　アジアに一度も行ったことがないの！？

　Hier, je suis resté chez moi toute la journée.　昨日は一日中家にいた。

助動詞に être をとる場合、過去分詞は主語と性数一致します。

　Ils sont entrés dans la salle des professeurs.　彼らは講師室に入った。

　Elles sont descendues à la gare de Tokyo.　彼女たちは東京駅で降りた。

　Je suis rentrée chez moi à vingt-deux heures.　22 時に帰宅した。

2　中性代名詞 y　

à、dans、en など、場所を示す前置詞をともなう状況補語の代わりに用いられる代名詞です。人称代名詞や中性代名詞 en と同じく動詞の直前に置かれますが、複合過去では助動詞の前に置かれます。

　Mon grand frère est en Bretagne. Il y travaille depuis deux ans.

　　　　　　　　　　　私の兄はブルターニュにいます。彼は 2 年前からそこで働いています。

　Tu es allée à l'université hier ? – Oui, j'y suis allée.

　　　　　　　　　　　　　　　　　昨日大学へ行ったの？－うん、行ったよ。

準助動詞と不定詞が組み合わせて用いられている場合には、不定詞の直前に置かれます。

　J'adore la Tunisie. Je veux y aller encore une fois.　（y = en Tunisie）

　　　　　　　　　　　チュニジア大好きなんだよね。もう一回行きたいな。

　Vous habitez toujours à New York ? – Non, je n'y habite plus.

　　　　　　　ニューヨークにまだお住まいですか？ －いいえ、そこにはもう住んでいません。

3　移動手段を表す前置詞 à と en

移動手段を表すとき、前置詞 à と en が使われます。乗り込むものには en、そうでないものには à を使う傾向があります。

à	à pied「徒歩で」　à vélo「自転車で」　à moto「バイクで」 à cheval「馬で」　à trottinette「キックスケーターで」など
en	en voiture「自動車で」　en bus「バスで」　en métro「地下鉄で」 en train「電車で」　en avion「飛行機で」　en bateau「船で」など

en vélo や en moto と言われることもあります。

J'ai voyagé aux États-Unis en voiture.　車でアメリカを旅行した。

Nous sommes allés au bureau à pied.　私たちは徒歩で通勤した。

Ils ont fait le tour du monde en bateau.　彼らは船で世界一周した。

4　場所を示す前置詞 en

アジアやヨーロッパなど、地域または大陸名には前置詞 en を用います。

en {
Afrique
Amérique du sud
Amérique du nord
Asie
Europe
Océanie
}

Tu as voyagé en Europe ?　きみはヨーロッパを旅行したの？

Elles sont parties en Océanie.　彼女たちはオセアニアへ出発した。

Ils sont allés travailler en Afrique.　彼らはアフリカへ仕事をしに行った。

5　数字を覚えましょう！

1）西暦を言うときには、前置詞 en を使います。

Mon grand-père est mort en 1994.　私の祖父は 1994 年に亡くなった。

2）西暦は、ほかの数詞と同じように読みます。

2000 deux mille　　　2010 deux mille dix

1789 mille sept cent quatre-vingt-neuf

ただし、1100 年から 1999 年は、以下のように発音することもあります。

1598 quinze cent quatre-vingt-dix-huit
　　　（= mille cinq cent quatre-vingt-dix-huit）

1914 dix-neuf cent quatorze （= mille neuf cent quatorze）

16　過去の出来事を語る

Exercices
練習しよう

❶ 日本語訳を参考にして、（ ）内の動詞を適当な複合過去形に書き換えましょう。

1) Elle ＿＿＿＿＿＿＿＿＿＿＿＿＿＿ à quelle heure ? (partir)

彼女は何時に出発しましたか？

2) Nous ＿＿＿＿＿＿＿＿＿＿＿＿ à huit heures. (arriver)

私たちは 8 時に到着しました。

3) Ils ＿＿＿＿＿＿＿＿＿＿＿ chez eux. (rentrer)　彼らは帰宅しなかった。

4) Elles ＿＿＿＿＿＿＿＿＿ en Belgique. (aller)　彼女はベルギーへ行った。

5) Julien et moi, ＿＿＿＿＿＿＿＿＿＿＿＿ au cinéma. （aller）

ジュリアンと私は映画館へ行った。

6) L'avion ＿＿＿＿＿＿＿＿＿＿＿ à l'heure. （arriver）

飛行機は時間通りに到着しなかった。

❷ 次の質問に代名詞 y を使って答えましょう。

1) Elle habite au Portugal ? — Non, ＿＿＿＿＿＿＿＿＿＿＿＿.

彼女はポルトガルに住んでいますか？－いいえ、住んでいません。

2) Vous voulez aller en Amérique du sud ? — Oui, ＿＿＿＿＿＿＿＿＿.

南米に行きたいですか？－はい、行きたいです。

3) Vous allez chez lui demain ? — Oui, ＿＿＿＿＿＿＿＿＿＿＿.

あなた方は明日彼のところに行きますか？－はい、行きます。

4) Il est allé au musée du Louvre hier ? — Oui, ＿＿＿＿＿＿＿＿＿＿.

彼は昨日ルーヴルに行きましたか？－はい、行きました。

❸ 次の文を読み、空欄に適当な前置詞を入れましょう。

1) Elles vont faire le tour de Paris ＿＿ vélo.　彼女たちは自転車でパリ一周する。

2) Je voyage en Europe ＿＿ bus de nuit.　私は夜行バスでヨーロッパを旅する。

3) On va ＿＿ pied jusqu'au centre-ville.　私たちは中心街まで歩いていく。

❹ 数字を聴きとってみましょう。　(140)

a) Il est né en ＿＿＿＿＿.　彼は～年に生まれた。

b) Cette artiste est morte en ＿＿＿＿＿.　その芸術家は～年になくなった。

c) Nous sommes le ＿＿ octobre ＿＿＿＿＿.　（今日は）～年 10 月～日だ。

d) Elle est devenue présidente en ＿＿＿＿＿.　彼女は～年に大統領になった。

ジュリーとヴァンサンの絵葉書を読みましょう。それから絵葉書に書いてあったことを参考にして、それぞれ（ジュリー、ヴァンサンの家族）が何をしたのかをフランスの友人に説明しましょう。

Ljubljana, le 4 mai

Chère Sarah,

Je suis partie en Europe centrale le 21 avril. Je suis arrivée en Slovénie le 27 avril.
J'ai déjà visité quelques villes et j'ai passé quelques jours à Maribor.
Je suis également allée jusqu'à la frontière avec l'Italie. J'ai découvert la culture slave et j'aime beaucoup ce pays.

Je t'embrasse,
Julie

Le Caire, le 16 juin,

Coucou Mathieu,

Le 15 juin, avec toute la famille, nous sommes partis de l'aéroport de Genève.
Nous sommes arrivés au Caire, en Égypte. D'abord, nous sommes allés voir les pyramides. Puis, nous avons fait un tour en ville. Le soir, nous avons dîné dans un restaurant traditionnel du centre-ville : nous avons découvert les spécialités locales ! Enfin, nous sommes rentrés tard à l'hôtel, vers minuit.

Bises et à bientôt en Suisse,
Vincent

Vocabulaire 単語・表現を覚えよう

1　郵便局の料金表の情報を読み取りましょう。

Poids jusqu'à ...	Tarif Lettre vers la France	Tarif Lettre vers l'international
20 g	1,28 €	1,50 €
100 g	2,56 €	3,00 €
250 g	4,71 €	7,50 €

Poids jusqu'à ...	Tarif Colissimo vers la France uniquement
250 g	4,95 €
500 g	6,45 €
750 g	7,35 €

Le colissimo,
c'est l'affranchissement destiné
aux colis.

1) Vous êtes à Paris. Vous voulez envoyer une lettre (125 g) à une amie. Elle habite à New York. Vous achetez un timbre de

☐ 3,00 euros　　　☐ 4,71 euros　　　☐ 7,50 euros

2) Vous voulez aussi envoyer une carte postale (moins de 20 g) à un ami. Il habite à Bordeaux. Vous mettez un timbre de

☐ 1,28 euros　　　☐ 1,50 euros　　　☐ 4,95 euros

3) Combien est-ce qu'il faut payer pour envoyer un colis de 600 g ?

☐ 4,95 euros　　　☐ 6,45 euros　　　☐ 7,35 euros

2　下の語彙から、イラストにあてはまるものを選びましょう。

1)	2)	3)	4)	5)
6)	7)	8)	9)	10)

la poubelle　le stylo　le bureau　le clavier　la souris
le tiroir　l'agenda　l'ordinateur　la chaise　l'imprimante

会話を聞いて質問に答えましょう。

オフィスで課長を探している同僚と話をしています。

Anne : Bonjour, où est le chef ? J'ai besoin de lui parler.

Steve : Je ne sais pas... mais vous pouvez lui téléphoner : il a son portable.

Anne : Est-ce que vous pourriez me passer son numéro ?

Steve : Oui, bien sûr, c'est le 06 79 93 81 02. Mais c'est quelqu'un de très occupé, donc il risque de ne pas répondre tout de suite.

1) Anne est venue chercher quelqu'un.

☐ vrai ☐ faux

2) Steve propose à Anne

☐ d'attendre un peu ☐ de laisser un message ☐ de téléphoner

3) D'après Steve, le chef est quelqu'un de très

☐ drôle ☐ méchant ☐ occupé

Note

le chef ここでは「課長」を意味するle chef de sectionを省略して、le chefと呼んでいます。

Je ne sais pas... ここでは目的語をとらずに使われています。Je ne sais pasで「分かりません」という意味になります。

Oui, bien sûr. 「はい、もちろんです」。bien sûrをつけることで、ouiの意味を強調しています。

donc 「つまり、だから」。

risquer de＋不定詞 「～のおそれがある、～するかもしれない」。

tout de suite 「すぐに、ただちに」。

1　avoir besoin de ... 「～を必要とする、～しなければならない」

avoir besoin de の後ろには、名詞や不定詞をとることができます。

・avoir besoin de ＋（代）名詞（人・もの）

　Nous avons besoin de toi.　私たちにはあなたが必要です。

　Il a besoin de vos conseils.　彼はあなたのアドバイスを必要としています。

ただし、不定冠詞の複数形と部分冠詞の場合は、avoir besoin de ＋無冠詞名詞となります。

　J'ai besoin de chaussures neuves.　新品の靴が必要だ。

　J'ai besoin d'argent.　お金が必要だ。

・avoir besoin de ＋不定詞

　J'ai besoin d'aider mes parents.　両親を手伝わないといけない。

　Elle a besoin de se reposer.　彼女は休む必要があります。

2　Pourrais-tu ... ? / Pourriez-vous ... ?「～してくれませんか」

tu pourrais ... ? の pourrais や、vous pourriez ... ? の pourriez は、pouvoir の条件法です。話し相手に依頼をするときに条件法を用いると、語調が緩和され丁寧な言い回しになります。

　Tu pourrais m'attendre un peu ?

　Est-ce que tu pourrais m'attendre un peu ?　ちょっと待ってくれますか？

　Pourrais-tu m'attendre un peu ?

　Vous pourriez m'aider ?

　Est-ce que vous pourriez m'aider ?　手伝ってくださいますか？

　Pourriez-vous m'aider ?

3　不定詞の否定形

否定文を作るときには、ne ... pas で動詞をはさみますが、不定詞を否定形にするときは、ne pas の後ろに不定詞を置きます。

　Il est conseillé de ne pas rester trop longtemps devant l'ordinateur.

　　　　　　　　　　　　　　　長時間パソコンの前にいないことが推奨されます。

　Excusez-moi de ne pas avoir répondu plus tôt.

　　　　　　　　　　　　　　　もっと早くお返事できなくて申し訳ございませんでした。

4　不定代名詞（1）: quelqu'un / quelque chose

quelqu'un は不特定のひとりを指す代名詞です。quelque chose は不特定なものや概念を指す代名詞です。

Notre supérieur discute avec quelqu'un.　上司は誰かと話をしています。

J'attends quelqu'un.　ちょっと待ち合わせしています。

Dis-moi si tu as besoin de quelque chose.　何か必要だったら私に言って。

J'ai quelque chose en tête.　ちょっと思いついたんだけど。

・quelqu'un / quelque chose de ＋形容詞の男性形単数「〜な人、〜なもの」

これらの不定代名詞は、後ろに前置詞 de ＋形容詞の男性形単数をとることができます。

Le PDG est quelqu'un de très pris.　社長はとても忙しい人だ。

Tu as trouvé quelque chose d'intéressant ?　何か面白いこと見つけた？

Il y a quelque chose de très lourd dans ce sac.

何かとても重いものがある。
このバッグの中に何かとても重いものがある。

5　電話番号　(147)

フランスの電話番号は 10 桁の数字で構成されています。電話番号は2桁ごとに区切って表記されており、発音するときもこの区切りに従います。フランス語で「番号」は le numéro と言いますので、電話番号には定冠詞 le を入れることが多いです。

le 06 79 93 81 02 (le zéro six, soixante-dix-neuf,
quatre-vingt-treize, quatre-vingt-un, zéro deux)

フランス本土では、最初の2桁は地域によって分かれています。たとえば、01 はパリも含むイル・ド・フランス地域圏の番号となります。携帯電話の番号は 06、07 で始まります。

6　数字を覚えましょう！　(148)

世紀や君主名などを言うときは、ローマ数字で表記することが多いです。算用数字との対応を確認しておきましょう。

算用数字	1	2	3	4	5	6	7	8	9	10
ローマ数字	I	II	III	IV	V	VI	VII	VIII	IX	X

算用数字	11	12	13	14	15	16	17	18	19	20
ローマ数字	XI	XII	XIII	XIV	XV	XVI	XVII	XVIII	XIX	XX

50 = L, 100 = C, D = 500, 1000 = M

François Ier (François premier)　フランソワ 1 世（1494-1547 年）

Henri IV (Henri quatre)　アンリ 4 世（1553-1610 年）

au XVIIème siècle (au dix-septième siècle)　17 世紀に

❶ 下の単語を一度ずつ使って、それぞれの条件に合う文を作りましょう。

例）Pour écrire, j'ai besoin d'un stylo.

1）Pour recevoir des mails, _____.

2）Pour prendre des notes, _____.

3）Pour agrafer des feuilles, _____.

4）Pour effacer, _____.

5）Pour m'asseoir, _____.

6）Pour envoyer une lettre, _____.

7）Pour jeter des choses, _____.

8）Pour taper un texte, _____.

une agrafeuse	une enveloppe	une gomme	une chaise
une poubelle	un clavier	un bloc-notes	une adresse mail

❷ 空欄に **quelqu'un** か **quelque chose** を入れましょう。

1）Il y a _____ dans le frigo ? J'ai soif. — Du jus d'orange, je crois.

2）Tu as vu _____ hier soir, n'est-ce pas ? C'est qui, cette fille ?

3）J'entends une voix. Il y a _____ dans cette salle ?

4）Tu cherches _____ ? — Oui. J'ai perdu mon portefeuille...

❸ 数字を聴きとってみましょう。　　　　　　　　　　　　　149

a) Mon numéro de téléphone ? C'est le ____ ____ ____ ____ ____.

私の携帯番号？〜です。

b) Il faut faire le ____ pour appeler la police et le ____ pour appeler le SAMU (service d'aide médicale urgente).

警察に電話するときは〜にかけて、救急医療サービスに電話するときは〜にかけなくてはいけない。

❹ ローマ数字を読みとってみましょう。

La Vème République a commencé en 1958.　第（　　）共和制は 1958 年に始まった。

Louis XIV est mort en 1715.　ルイ（　　）世は 1715 年に亡くなった。

Il aime bien la littérature du XIXème siècle.　彼は（　　）世紀文学が好きだ。

ふせんのメッセージを読んで、部下に仕事の依頼をしましょう。

例)

Expliquer au PDG notre
nouveau projet
↓
Assister à la réunion demain,
à 10h

Nous avons besoin d'expliquer notre nouveau projet au PDG. Pourriez-vous (pourrais-tu) assister à la réunion demain à 10 heures ?

1)

Prendre RV
avec M. Le Brun
↓
Lui téléphoner à 16h

2)

Faire une petite présentation
sur notre nouveau produit
↓
Aller à la Société Alphabêta
vendredi à 14h

Vocabulaire 単語・表現を覚えよう

1 ドキュメントの情報を読み取りましょう。

Date	Matin/Après-midi	Températures (Min/Max)	
lun. 21	☀ / ☁	12	19
mar. 22	☀ / ☀	15	21
mer. 23	☀ / ☁	14	20
jeu. 24	☀ / ☀	14	19
ven. 25	🌧 / 🌧	13	18

1) Ce document est
   ☐ un emploi du temps
   ☐ un calendrier
   ☐ un bulletin météo

2) Il fait douze degrés
   ☐ le 21   ☐ le 22   ☐ le 23

3) Le 22, il fait
   ☐ plus froid que le 21.
   ☐ aussi froid que le 21.
   ☐ moins froid que le 21.

4) Il faut prendre un parapluie
   ☐ mercredi   ☐ jeudi   ☐ vendredi

2 以下の３つのグループからそれぞれひとつずつ、もっとも関連の強い単語または表現を選び、線で結びましょう。

l'orage ·	· Il fait très froid !	·	· pleuvoir
les nuages ·	· Il fait beau !	·	· ensoleillé
la neige ·	· Il fait gris.	·	· neiger
la pluie ·	· Il y a des éclairs et du tonnerre !	·	· orageux
le soleil ·	· Il pleut.	·	· nuageux

音声を聞いて質問に答えましょう。

ラジオで天気予報を聴いています。

Présentateur de météo :

Demain, il fait beau dans le nord de la France. En revanche, dans le sud, il va pleuvoir toute la journée. Il va faire vingt-cinq degrés à Paris, dix-neuf à Strasbourg, dix-huit à Lyon. Dans toute la France métropolitaine, les températures sont plus douces qu'aujourd'hui, mais attention, il va y avoir plus de vent.

1) Quel temps fait-il demain dans le sud de la France ?

　□ il pleut　　　　　　　□ il fait beau　　　　　　□ il neige

2) Il va faire combien de degrés à Strasbourg ?

　□ 18 degrés　　　　　　□ 19 degrés　　　　　　□ 25 degrés

3) Demain, en France métropolitaine, il va y avoir moins de vent qu'aujourd'hui.

　□ vrai　　　　　　　　　□ faux

en revanche　「それに反して」「その代わりに」。

toute la journée　「一日中」。tous les jours「毎日」との違いに注意しましょう。

douce　形容詞doux「（気候などが）穏やかな」の女性形です。不規則な変化をする形容詞（8課参照）なので注意しましょう。

dans toute la France　「フランス全土」。ここでは、国名Franceの前に不定形容詞（20課参照）のtoutが置かれているため、国名に付く前置詞 en Franceの規則（6課参照）とは異なる形になっています。

18　天気予報について話す

Grammaire 文法と表現を確認しよう

1 天気を言う・尋ねる表現

天気を言うときは非人称構文の主語である il を用いることが多いです。

Il fait quel temps ? / Quel temps fait-il ? 天気はどうですか？

il fait	il fait beau　天気がいい　　il fait mauvais　天気が悪い il fait nuageux　曇っている　　il fait doux　天気が穏やかだ il fait chaud / froid / bon　暑い／寒い／暖かい il fait humide / sec　湿気が多い／乾燥している　　il fait ... degrés　〜度です
il y a	il y a des nuages　雲がある　　il y a du vent　風がある il y a du soleil　晴れている、日差しがある　　il y a de l'orage　雷雨です il y a de la neige　雪です　　il y a de la pluie　雨です il y a des éclairs　稲光がしている　　il y a du tonnerre　雷が鳴っている
il	il pleut　雨が降っている　　il neige　雪が降っている il grêle　ひょうが降っている

2 形容詞・副詞の比較級

比較級は、形容詞・副詞の前に plus、aussi、moins を付けて作ります。

高い（優等比較） 程度が同じ（同等比較） 低い（劣等比較）	plus aussi moins	＋	形容詞 副詞	＋	que	＋	比較の対象

1) 形容詞の比較

Aujourd'hui, il fait plus froid qu'hier.　今日は、昨日より寒い。

Il fait aussi humide à Nantes qu'à Brest.　ナントはブレストと同じくらい湿度が高い。

Il fait moins chaud cette semaine que la semaine dernière.

今週は先週ほど暑くない。

2) 副詞の比較

Il neige plus fort ce matin qu'hier soir.　昨日の夜より、今朝は強く雪が降っている。

Ici, il pleut aussi souvent en juillet qu'en juin.

ここは6月と同じくらい7月によく雨が降る。

En février, il grêle moins fréquemment qu'en mars.

2月は3月ほどよくひょうが降らない。

3 程度・数量を表す beaucoup (de ...) の比較級

beaucoup の比較級は、plus、autant、moins です。

1) 程度を表す beaucoup の比較級

Il neige aujourd'hui plus qu'hier.　今日は昨日より雪が多く降る。

Il pleut autant dans le nord que dans le sud.　南部と同じくらい北部は雨が降る。

Il grêle moins cette année que d'habitude.　今年は普段と比べてひょうがすくない。

2) 数量を表す beaucoup de の比較級

数量の比較は、plus de、autant de、moins de を付けて作ります。

高い	plus						
数量が同じ	aussi	de	＋	名詞	＋	que	＋ 比較の対象
低い	moins						

Il y a plus de soleil aujourd'hui qu'hier.　今日は昨日より日差しが出ている。

Il y a moins de vent ce soir que cet après-midi.　今夜は午後よりも風が強くない。

Demain, il y a autant de nuages à Strasbourg qu'à Lille.

明日、ストラスブールではリールと同じくらい雲が多い。

4　方角の言い方

au nord de ... 　〜の北に	au sud de ... 　〜の南に
dans le nord de ... 　〜の北部に	dans le sud de ... 　〜の南部に
à l'ouest de ... 　〜の西に	à l'est de ... 　〜の東に
dans l'ouest de ... 　〜の西部に	dans l'est de ... 　〜の東部に

Nice est dans le sud de la France.
　　　　ニースはフランスの南部にあります。

L'Espagne est au sud de la France.
　　　　スペインはフランスの南にあります。

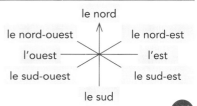

5　季節（les saisons）の言い方 155

春	le printemps	**au** printemps　春に	夏	l'été	**en** été　夏に
秋	l'automne	**en** automne　秋に	冬	l'hiver	**en** hiver　冬に

季節名につける前置詞は、春は au となり、それ以外は en となります。

6　数字を覚えましょう！

序数詞は省略して書くことができます（序数詞については 10 課参照）。上付きの e だけの場合は、アクサン記号を付けません。troisième 以降は同じ作り方です。

premier → 1er	deuxième → 2ème / 2^{e}
première → 1ère	second → 2nd / seconde → 2nde
troisième → 3ème / 3^{e}	quatrième → 4ème / 4^{e}

Exercices
練習しよう

❶ 日本語訳を参考にして、空欄に il fait か il y a を入れましょう。

1) _____ beau ? — Oui, _____ du soleil.

いい天気ですか？ － はい、日差しがあります。

2) _____ de la pluie depuis ce matin : _____ humide.

今朝から雨です。湿気があります。

3) Quel temps ! _____ très froid et en plus, _____ du vent !

なんて天気なんだろう！とても寒い上に風もある！

4) _____ moins cinq degrés : _____ de la neige.

マイナス5度です。雪が降っています。

❷ 空欄に plus、moins、aussi、autant のいずれかを入れて文を完成させましょう。

1) Dans cette rue, il y a maintenant _____ de magasins qu'avant.

この通りはいまは以前よりお店が少ない。

2) En général, il fait _____ sec en France qu'au Japon.

普通、フランスは日本より乾燥している。

3) Élise court _____ vite que Patrice.　エリーズはパトリスより走るのが遅い。

4) Il pleut _____ qu'hier.　昨日と同じくらい雨が降っている。

5) Je parle _____ souvent à mon frère qu'à ma sœur.　私は妹より弟とよく話す。

6) Le niveau de ce sportif est _____ bon qu'il y a dix ans.

このアスリートのレベルは10年前と同じくらいすごい。

7) Il y a _____ de choix dans ce magasin.　このお店はより多くの選択肢がある。

❸ 本もしくはインターネットで地図を調べて、空欄に方角を示す表現（東西南北）を入れましょう。

1) Lille est _____ la France.

2) L'Allemagne est _____ la Belgique.

3) La Sardaigne est _____ la Corse.

4) Strasbourg est _____ la France.

5) La Suisse est _____ l'Autriche.

6) Montpellier est _____ la France.

À vous !
覚えたことを使って表現しよう

天気予報をメモを取りながら聞いてください。地図を参考にしながら、次の質問に答えてみましょう。

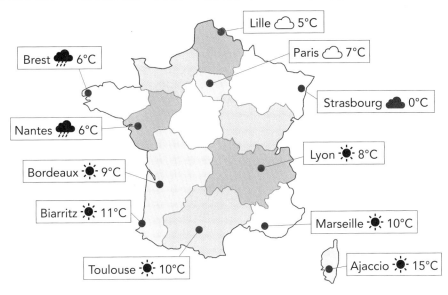

例）Il fait quel temps et quelle température demain, à Bordeaux ?
　　– Demain, il fait beau / il y a du soleil et il fait neuf degrés.

1）Il fait nuageux, à Biarritz ?

　　– ....

2）À Marseille, il fait plus froid qu'à Paris ?

　　– ....

3）Il fait moins doux à Ajaccio qu'à Strasbourg ?

　　– ....

4）Il fait quel temps à Strasbourg ?

　　– ....

5）Nous sommes en quelle saison ?

　　– ....

18
天気予報について話す

119

Vocabulaire 単語・表現を覚えよう

1 グラフの情報を読み取りましょう。

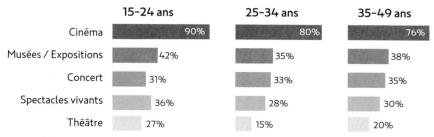

	15-24 ans	25-34 ans	35-49 ans
Cinéma	90%	80%	76%
Musées / Expositions	42%	35%	38%
Concert	31%	33%	35%
Spectacles vivants	36%	28%	30%
Théâtre	27%	15%	20%

出典：Sondage en ligne réalisé du 10 au 14 avril 2014 par l'institut LH2 (marque du groupe BVA)

1) Quelle est la sortie préférée des Français ?

☐ les spectacles　　　☐ les expositions　　　☐ le cinéma

2) Quelle génération aime le plus le cinéma ?

☐ les 15-24 ans　　　☐ les 25-34 ans　　　☐ les 35-49 ans

3) Le théâtre est le moins populaire auprès de la génération des 25-34 ans.

☐ vrai　　　☐ faux

2 枠の中にあるイベントについて調べて、分類しましょう。

événements sportifs	événements culturels

le Festival de Cannes　　la Fête de la Musique　　le Carnaval de Nice
la Coupe du monde de football　　les Jeux Olympiques (d'été / d'hiver)
le Festival d'Avignon　　le Festival Interceltique de Lorient　　Le Tour de France
les Journées européennes du patrimoine

会話を聞いて質問に答えましょう。

あるバンドのライブ会場に来ています。

(pendant le live)

Jacques : Ouais !

Jeanne : C'est vraiment la meilleure chanson de leur dernier album !

(après le live)

Jeanne : Ça va ? Tu ne te sens pas bien ?

Jacques : Si, je vais bien : je suis épuisé, mais c'est le plus beau jour de ma vie !

---

1) Qu'est-ce que les deux personnes viennent d'écouter ?

☐ une mauvaise chanson　　☐ une chanson récente　　☐ une vieille chanson

2) Jacques est

☐ malade　　　　　　　☐ fatigué　　　　　　　☐ déçu

3) Jacques est content d'être allé au concert.

☐ vrai　　　　　　　　☐ faux

Solidays (ソリデイズ)は1999年、フランスのNGO
「Solidarité sida」によって立ち上げられたチャリティー
フェスティバル。毎年6月頃にパリロンシャン競馬場で開
催されます。

Note

ouais ouiの変形で、くだけた言い方です。

dernier 16課で出てきた「前の」のほかに、「最新の」という意味もあります。この意味では名詞の前に置かれます。

épuisé もとは「汲みつくされた、空になった」ですが、ここでは「疲れはてた、疲れ切った」の意味です。

1 否定疑問文に対する答え方 ⟨158⟩

否定疑問文に肯定文で答えるときは si、否定文で答えるときは non を使います。

Elle n'est pas allée voter ?　彼女は投票に行かなかったの？
– Si, elle est allée voter.　－いや、行ったよ。
Il n'a pas regardé le match de rugby ?　彼はラグビーの試合を見なかったの？
– Non, il ne l'a pas regardé.　－うん、見なかったよ。

2 特殊な比較級 ⟨159⟩

形容詞 bon と副詞 bien は特殊な優等比較級を持っています。

	形容詞					副詞	
	男性単数	女性単数	男性複数	女性複数		原級	bien
原級	bon	bonne	bons	bonnes		原級	bien
比較級	meilleur	meilleure	meilleurs	meilleures		比較級	mieux

Grâce à ce professeur, j'ai eu de meilleurs résultats.

この先生のおかげで、いつもよりいい成績が取れた。

C'est meilleur, avec du sucre.　砂糖があった方がおいしい。

J'écris mieux en français qu'en anglais.　英語よりフランス語の方がうまく書ける。

3 最上級 ⟨160⟩

1) 形容詞・副詞の最上級

最上級は、比較級の前に定冠詞 le、la、les をつけて作ります。最上級なので同等比較はありません。最上級の範囲（～の中で）を示すためには de を用います。

定冠詞　le / la / les	plus moins	+	形容詞 副詞	+	de	+	最上級の範囲

Le Louvre est le plus grand musée de France.

ルーヴル美術館はフランスで一番大きい美術館です。

Ce sont les tableaux les moins chers de cette galerie.

これらがこのギャラリーでもっとも安価な絵画です。

bon(ne) や petit(e) など、名詞の前に置かれる形容詞の場合、最上級の位置は名詞の前後どちらでも構いません。ただし、形容詞があとに来る場合、かならず定冠詞を繰り返します。

Le Louvre est le plus grand musée de France.
Le Louvre est le musée le plus grand de France.

2) 特殊な最上級

優等比較級と同じく、形容詞 bon と副詞 bien は特殊な最上級を持ちます。

	男性単数	女性単数	男性複数	女性複数
原級	bon	bonne	bons	bonnes
最上級	le meilleur	la meilleure	les meilleurs	les meilleures

原級	bien
最上級	le mieux

bien の最上級はつねに定冠詞 le をとります。

C'est la meilleure ballerine de l'année.　こちらは今年一番のバレリーナです。

Cette chanteuse chante le mieux de toute l'Europe.

この女性歌手はヨーロッパ中で一番歌がうまい。

4　程度・数量を表す beaucoup (de ...) の最上級　161

beaucoup の最上級は、le plus、le moins を使います。

Quels genres musicaux les Français écoutent le plus ?

フランス人がもっともよく聴いている音楽ジャンルはなんですか？

数量を表す beaucoup の最上級は、以下のように作ります。

定冠詞　le / la / les	plus moins	de ＋ 名詞 ＋ de 最上級の範囲

Ce groupe a réuni le plus de spectateurs de l'histoire du festival.

このグループは、この音楽祭の歴史の中でもっとも多くの観客を集めた。

5　数字を覚えましょう！　162

概数はおよその数を表すものです。おもに以下の概数があります。

demi-douzaine 約 6 の	huitaine 約 8 の	dizaine 約 10 の	douzaine 約 12 の	quinzaine 約 15 の	vingtaine 約 20 の
trentaine 約 30 の	quarantaine 約 40 の	cinquantaine 約 50 の	soixantaine 約 60 の	centaine 約 100 の	millier 約 1000 の

On s'est rencontrés il y a une dizaine d'années.

私たちは 10 年ほど前に初めて会った。

定冠詞 la をつけて「～代」とおおよその年齢を言うことができます。

Il doit avoir la trentaine, à mon avis.　彼は 30 代ぐらいだと思う。

Exercices
練習しよう

❶ 次のやりとりを読み、空欄に **oui**、**si**、**non** のいずれかを入れましょう。

1）Tu viens au cinéma demain ? — _____, c'est gentil, mais je suis occupé.

2）Vous n'aimez pas cet écrivain? — _____, je suis fan de ses romans.

3）Ce film vous a plu ? — _____, nous adorons ça.

4）Je ne vais jamais y arriver... — Mais _____, ça va aller !

❷ （　）内の語を優等比較級にして、空欄に入れましょう。

1）Cette purée de pommes de terre est _____ avec du sel.

　　　　　　　このジャガイモのピューレは塩をかけるとよりおいしい。（bon）

2）Je comprends _____ le japonais que le français.

　　　　　　　フランス語より日本語の方がよりよく理解できる。（bien）

3）Avec ce nouveau micro, j'ai un _____ son qu'avant.

　　　　　　　この新しいマイクだと、前より音がよくなる。（bon）

4）Avec ce steak, un vin rouge va _____ qu'un vin blanc.

　　　　　　　このステーキには、白ワインより赤ワインの方がよく合う。（bien）

❸ 日本語訳を参考にして、最上級を使った文を完成させましょう。

1）C'est _____ amie de ma grande sœur.　私の姉の一番の親友です。

2）C'est le pays où il y a _____ de chômeurs.

　　　　　　　　　　　　失業者がもっとも少ないのはこの国だ。

3）J'ai passé _____ moments de ma jeunesse avec eux.

　　　　　　　　　　　彼らと青春のもっともいいときを過ごした。

4）Quelle est la valise _____ lourde ?　一番軽いスーツケースはどれですか。

❹ 数字を聴きとってみましょう。　　　　　　　　　　　　　　**163**

a）Il approche de la _____.　彼はそろそろ〜代だ。

b）Il y a une _____de personnes à la réunion.　会議には、〜人ほどいる。

c）Il y a plusieurs _____ de spectateurs dans la salle de concert.

　　　　　　　　　　コンサート会場には〜もの観客がいる。

d）Elle a perdu plusieurs _____ d'euros au casino.

　　　　　　　　　　彼女はカジノで〜ユーロも失った。

映画好きのあなたは、最近見た映画の評価をまとめました。表を参考に、質問してくる友達に感想を伝えましょう。

	Le fils du roi (film historique)	Plouf le pingouin (dessin animé)	Avec ou sans toi (comédie romantique)	La guerre des planètes (film d'action)
note générale	♥♥♥♥♥	♥♥♡♡♡	♥♥♥♡♡	♥♡♡♡♡
histoire	passionnante !	normale	intéressante	trop de stéréotypes...
dialogues	très vivants !	peu originaux	très naturels	zéro !
action	beaucoup	un peu	un peu	énormément !
effets spéciaux	pas d'effets spéciaux	oui (dessin animé)	pas d'effets spéciaux	trop d'effets spéciaux !
autres remarques	tous les acteurs jouent bien ! surtout l'acteur principal	film pour les petits enfants surtout	film assez classique	j'ai perdu mon temps et mon argent

例) Quel film est le plus intéressant pour les enfants ?
— C'est le film *Plouf le Pingouin*.

1) Quel est le meilleur film, de manière générale ?

— ....

2) Quel film a le plus d'effets spéciaux ?

— ....

3) *Plouf le pingouin*, c'est mieux que le film *Avec ou sans toi* ?

— ....

4) Les dialogues sont les moins intéressants dans quel film ?

— ....

Vocabulaire 単語・表現を覚えよう

1 ドキュメントの情報を読み取りましょう。

Hôtel Victor Opéra ★★★

4,3 / 5 Excellent
304 avis

Équipements et services
- Wi-Fi gratuit
- Restaurant
- Service de ménage
- Climatisation
- Réception 24h / 24
- Bar
- Petit déjeuner disponible
- Journaux (gratuits dans le hall)
- Prêt d'ordinateur : 5 EUR par jour

Parking
payant (10 EUR par nuit)

Nourriture et boissons
Petit déjeuner au buffet servi en supplément tous les jours de 7 h à 11 h : 15 EUR pour les adultes et 10 EUR pour les enfants

1) C'est une page Internet pour
   ☐ un restaurant
   ☐ un hôtel
   ☐ un magasin

2) Quel est le prix du petit déjeuner pour un enfant ?
   _____ euros

3) Quels sont les horaires d'ouverture de la réception ?
   ☐ de sept heures à onze heures
   ☐ de dix heures à vingt-trois heures
   ☐ vingt-quatre heures sur vingt-quatre

4) Quel service est gratuit ?
   ☐ Wi-Fi
   ☐ ordinateur
   ☐ parking

2 以下の写真に対応する単語を枠から選び、枠に記入しましょう。

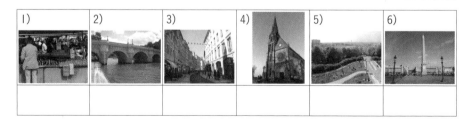

1)	2)	3)	4)	5)	6)

une église   un marché   une place   un parc   une rue   un pont

会話を聞いて質問に答えましょう。

マクシムの旅行についてマノンが質問しています。　

Manon : C'était comment, ton voyage au Maroc ?

Maxime : C'était super. Je vais te montrer quelques photos. Alors là, c'est le marché Jemaa El-Fna, à Marrakech. Il y avait beaucoup de magasins intéressants. Là, c'est Chefchaouen...

Manon : Ah je connais cette ville, j'ai déjà vu des vidéos sur Internet !

1) Maxime a des photos de son voyage au Maroc.

☐ vrai　　　　　　　☐ faux　　　　　　　☐ on ne sait pas

2) Il y avait beaucoup de monde au marché Jemaa El-Fna.

☐ vrai　　　　　　　☐ faux　　　　　　　☐ on ne sait pas

3) Pourquoi Manon connaît Chefchaouen ?

☐ Elle a visité la ville.　　　☐ Elle a vu la ville sur Internet.

☐ On lui a parlé de la ville.

ジャマ・エル・フナ市場

シャウエンの街角

Note

alors　alorsは会話の冒頭に置かれて「さて、さあ」というニュアンスを示すことがあります。

ça　ここではcette villeを指しています。

20 印象について話す

127

Grammaire   文法と表現を確認しよう

1 半過去

半過去形は、nous の現在形から -ons を除いた語幹（nous habitons → habit-）に、次
の共通の活用語尾を付して作られます。ただし、être だけは特殊な語幹 ét- をとります。

habiter				être			
j'	habit**ais**	nous	habit**ions**	j'	étais	nous	étions
tu	habit**ais**	vous	habit**iez**	tu	étais	vous	étiez
il / elle / on	habit**ait**	ils / elles	habit**aient**	il / elle / on	était	ils / elles	étaient

半過去はおもに、過去における状況や気持ちを説明したり、進行中の出来事を説明したりすると
きに用いられます。

Il y avait beaucoup de personnes dans cette salle. その部屋にはたくさんの人がいた。

Avant, ils habitaient à Montréal. 以前、彼らはモントリオールに住んでいた。

Il faisait chaud. 暑かった。

Tout à l'heure, je dormais. さっき、寝てたんだ。

c'était ＋ 感想を言う形容詞	
intéressant おもしろかった	amusant 楽しかった
magnifique 見事だった	(très) bien （とても）よかった
bon おいしかった	nul まったくダメだった
excellent すばらしかった	ennuyant / ennuyeux 退屈だった

J'ai passé deux nuits à l'hôtel Ritz. C'était magnifique !

ホテルリッツで 2 泊を過ごしたよ。すばらしかった！

複合過去は過去の事柄を「完了したこと」として提示するのに対し、半過去はこれを「継続し
ていた（完了していない）こと」として提示します。

Je suis rentrée à la maison : mon père faisait alors la cuisine.

私は帰宅した。そのとき、父は料理をしていた。

2 不定形容詞

何であるか、誰であるかを特定しない形容詞で、以下のようなものがあります。

chaque それぞれの〜   certain(e)s いくつかの〜   quelques いくつかの〜
plusieurs 複数の〜   tout (toute / tous / toutes) すべての〜

Chaque pays a son charme. 各国にはそれぞれの魅力がある。

Certains participants n'étaient pas d'accord avec cette idée.

参加者のうち幾人かはその考えに賛成ではなかった。

quelques は「(話者から見て) 少ないと感じられる」、plusieurs は「(話者から見て) 多い
と感じられる」というニュアンスを含みます。

　J'ai lu quelques livres de cet écrivain.　私はその作家の本を何冊か読んだ。

　J'ai lu plusieurs livres de cet écrivain.　私はその作家の本を何冊も読んだ。

tout は、以下のように変化します。

男性単数	女性単数	男性複数	女性複数
tout	toute	tous	toutes

　Tout le monde aime ce chanteur.　みんなこの歌手のことが好きだ。

　Robert est resté au lit toute la matinée.　ロベールは朝の間じゅうベッドにいた。

tous / toutes les ... と chaque については 14 課を参照してください。

3　不定代名詞 (2)：quelqu'un、quelque chose 以外　167

　Le président a parlé à chacun de nous.　大統領は私たちひとりひとりに話しかけた。

　Personne ne répond.　誰も返事をしない。

　Rien ne va plus.　もはや何ひとつうまくいかない。

不定代名詞に形容詞が付く場合は、de ＋形容詞になります（17 課参照）。

4　疑問副詞のまとめ　168

comment　どのように〜　C'était comment, ton voyage ?　旅行はどうだった？

où　どこで〜　Où est-ce que tu as acheté ce guide ?

どこでそのガイドブックを買ったの？

quand　いつ〜　Quand est-elle partie à Berlin ?

彼女はいつベルリンに出発したの？

pourquoi　なぜ〜　Pourquoi vous n'êtes pas satisfait ?

なぜあなたは満足していないのですか？

5　数字を覚えましょう！　169

足し算などの加減乗除の計算式の言い方を覚えましょう。ほかの言い方もありますが、まずは次
の表現を確認しましょう。

$5+4=9$　Cinq et quatre font neuf. / Cinq plus quatre égale(nt) neuf.

$8-6=2$　Huit moins six égale(nt) deux.

$4\times3=12$　Quatre fois trois égale(nt) douze.

$15\div3=5$　Quinze divisé par trois égale(nt) cinq.

20

印象について話す

❶ 次の文を半過去に書き換えましょう。

1) C'est magnifique ! → _____

すばらしかったです！

2) Il y a beaucoup de monde. → _____

人がたくさんいました。

3) Il fait très beau ! → _____

とてもいい天気でした！

❷ 日本語訳を参考にして、下からもっとも適当な不定形容詞を選びましょう。

1）Il faut signer à _____ page. それぞれのページにサインしなければならない。

2）On parle de vous dans _____ la ville ! 町全体があなたの話でもちきりですよ！

3）Marie va chez le coiffeur _____ les deux mois.

マリーは 2 ヶ月ごとに美容院に行く。

4)_____ fans ont attendu l'arrivée du chanteur pendant des heures.

何人かのファンは何時間もその歌手の到着を待った。

5）J'ai essayé _____ fois, mais ça n'a pas marché.

何回も試したが、うまくいかなかった。

6）J'ai _____ idées, mais je n'ai pas encore créé de scénario.

いくつかアイディアはあるけれど、シナリオはまだ作れていない。

certains	chaque	plusieurs	quelques	toute	tous

❸ 次の質問に対する答えを見つけて線でつなぎましょう。

1）C'était comment ?　　　·　　　　·Dimanche dernier.

2）Vous êtes allés où ?　　·　　　　·15 euros. C'était cher !

3）Tu es rentré quand ?　　·　　　　·Sur la Côte d'Azur.

4）Pourquoi tu as aimé ça ?　·　　　·Nul ! Ça ne m'a pas plu.

5）C'était combien, l'entrée ? ·　　　·Parce que c'était intéressant.

❹ 次の計算式を発音してみましょう。　　　　　　　　　170

a) $6 + 7 = 13$　　　　b) $24 - 15 = 9$　　　　c) $7 \times 3 = 21$

d) $32 \div 8 = 4$　　　　e) $14 - 5 + 2 = 11$

À vous !
覚えたことを使って表現しよう

アキ（Aki）さんとヒデ（Hidé）さんは、旅行中に撮った写真を SNS に投稿します。次の写真
について、メモを参考にしながら、半過去を使ってコメントをつけましょう。

1)

aki_france_A1   S'abonner

J'ai visité le Château de Versailles ! 🇫🇷

♡ ◯ ⬆   🔖

25 j'aime
10 juin 2021

> Ai visité le Château de Versailles. Beaucoup de monde ! Il fait chaud. Fatiguée.
> Mais c'est très beau !

2)

hide_voyage_A1   S'abonner

Je suis allé dans la savane du parc national
d'Amboseli, au Kenya. 🇰🇪 🐘

♡ ◯ ⬆   🔖

36 j'aime
26 juillet 2021

> Suis allé dans la savane du parc national d'Amboseli, au Kenya. Il fait beau et il y
> a des nuages blancs. C'est magnifique ! Plusieurs éléphants devant moi !

être - été

je	suis	nous	sommes
tu	es	vous	êtes
il / elle / on	est	ils / elles	sont

avoir - eu

j'	ai	nous	avons
tu	as	vous	avez
il / elle / on	a	ils / elles	ont

aimer - aimé

j'	aime	nous	aimons
tu	aimes	vous	aimez
il / elle / on	aime	ils / elles	aiment

préférer - préféré

je	préfère	nous	préférons
tu	préfères	vous	préférez
il / elle / on	préfère	ils / elles	préfèrent

finir - fini

je	finis	nous	finissons
tu	finis	vous	finissez
il / elle / on	finit	ils / elles	finissent

partir - parti(e)(s)

je	pars	nous	partons
tu	pars	vous	partez
il / elle / on	part	ils / elles	partent

connaître - connu

je	connais	nous	connaissons
tu	connais	vous	connaissez
il / elle / on	connaît	ils / elles	connaissent

savoir - su

je	sais	nous	savons
tu	sais	vous	savez
il / elle / on	sait	ils / elles	savent

devoir - dû

je	dois	nous	devons
tu	dois	vous	devez
il / elle / on	doit	ils / elles	doivent

pouvoir - pu

je	peux	nous	pouvons
tu	peux	vous	pouvez
il / elle / on	peut	ils / elles	peuvent

vouloir - voulu

je	veux	nous	voulons
tu	veux	vous	voulez
il / elle / on	veut	ils / elles	veulent

faire - fait

je	fais	nous	faisons
tu	fais	vous	faites
il / elle / on	fait	ils / elles	font

aller - allé(e)(s)			
je	vais	nous	allons
tu	vas	vous	allez
il / elle / on	va	ils / elles	vont

venir - venu(e)(s)			
je	viens	nous	venons
tu	viens	vous	venez
il / elle / on	vient	ils / elles	viennent

écrire - écrit			
j'	écris	nous	écrivons
tu	écris	vous	écrivez
il / elle / on	écrit	ils / elles	écrivent

attendre - attendu			
j'	attends	nous	attendons
tu	attends	vous	attendez
il / elle / on	attend	ils / elles	attendent

prendre - pris			
je	prends	nous	prenons
tu	prends	vous	prenez
il / elle / on	prend	ils / elles	prennent

mettre - mis			
je	mets	nous	mettons
tu	mets	vous	mettez
il / elle / on	met	ils / elles	mettent

boire - bu			
je	bois	nous	buvons
tu	bois	vous	buvez
il / elle / on	boit	ils / elles	boivent

voir - vu			
je	vois	nous	voyons
tu	vois	vous	voyez
il / elle / on	voit	ils / elles	voient

se laver			
je	me lave	nous	nous lavons
tu	te laves	vous	vous lavez
il / elle / on	se lave	ils / elles	se lavent

se lever			
je	me lève	nous	nous levons
tu	te lèves	vous	vous levez
il / elle / on	se lève	ils / elles	se lèvent

1 課

◇ *Vocabulaire*

1 prénom : John nom : Newman nationalité : américaine pays : États-Unis

2 1) Japon 2) France 3) Angleterre 4) Chine 5) États-Unis 6) Espagne
   7) Corée 8) Italie

[2 の訳] 1) 蓮は日本人です。洋子は日本人です。2) テオはフランス人です。アリスはフランス
人です。3) ジョンはイギリス人です。ケイトはイギリス人です。4) シャオは中国人です。メイ
は中国人です。5) マークはアメリカ人です。リサはアメリカ人です。6) パブロはスペイン人です。
アルバはスペイン人です。7) トユンは韓国人です。ミンソは韓国人です。8) ジャンニはイタリ
ア人です。アレッシアはイタリア人です。

◇ *Dialogue*

1) australien 2) japonaise 3) journaliste 4) avocate

[会話文の訳] ジョージ：やあ、俺、ジョージ・スミスって言うんだ。きみは？ ユキ：あ、はい、
こんにちは…。私は森ユキと言います。スミスさんってことは、アメリカ人ですか？ ジョージ：
いや、オーストラリア人だよ。シドニーのジャーナリストなんだ。 ユキ：私は、日本人です。
東京の弁護士です。私たち、「tu」を使って話します？

[会話文についての質問の訳] 1) ジョージは～である。 アメリカ人／日本人／オーストラリア
人 2) ユキは～である。 アメリカ人／日本人／オーストラリア人 3) ジョージは～である。
ジャーナリスト／弁護士／医者 4) ユキは～である。 ジャーナリスト／弁護士／ユーチュー
バー

◇ *Exercices*

❶ 1) suis 2) est 3) êtes 4) sont ❷ 1) Il 2) Nous 3) Ils 4) Tu
❸ 1) chinoise 2) espagnols 3) japonais(es) 4) australiennes
❹ 1) Vous 2) Toi 3) Moi 4) Lui ❺ a) 4 b) 5 c) 2 d) 6 e) 8

◇ *À vous*

[解答例] Nom : Mori Prénom : Yuki Nom d'époux : Mizubayashi Nationalité :
japonaise Sexe : F Né(e) le 19 / 02 /1995 (19 / février / 1995) Âge : 26 ans Lieu de
naissance : Kanagawa Ville et pays : Yokohama, JAPON

2 課

◇ *Vocabulaire*

1 1) une affiche 2) un concert 3) dimanche 4) L'Olympia 5) 40

2 1) 左から lundi mercredi jeudi vendredi samedi
  2) 左から dimanche vendredi lundi jeudi mardi samedi

◇ *Dialogue*

1) non 2) un concert de jazz 3) des amis

[会話文の訳] フィリップ：やあ、元気？ ミシェル：元気。あなたは？ フィリップ：僕も元
気。ところで、土曜の夜に予定ある？ ジャズのライブのチケットが2枚あるんだけど。興味ある？
ミシェル：ごめんなさい、友達の家でパーティーがあるんだ。

[会話文についての質問の訳] 1) ミシェルは土曜の夜に時間が空いていますか？ はい／いいえ
2) フィリップは～のチケットを持っている。 映画／演劇／ジャズのライブ 3) ミシェルは～
の家でパーティーがある。 友達／同僚／フィリップ

◇ *Exercices*

❶ 1) ai 2) avons 3) as 4) ont ❷ 1) un 2) une 3) des ❸ Est-ce qu'il a des billets pour un concert de Stromae ? / A-t-il des billets pour un concert de Stromae ?
❹ 1) des nationalités 2) des lieux 3) des journalistes 4) des gaz 5) des voix
6) des couteaux ❺ a) 16 b) 17 c) 15 d) 11

◇ *À vous*

[解答例] 1) Ah, je ne peux pas, c'est dommage. J'ai une fête avec Carla et Nicolas. Mais je suis libre vendredi.
2) Désolé(e), mais ce n'est pas possible. J'ai un rendez-vous (RV) avec Michèle à 19h. Mais je suis libre vendredi.
3) Avec plaisir. Je suis libre vendredi à 19h. Merci beaucoup !

3 課

◇ *Vocabulaire*

1 1) le chapeau 2) le pantalon 3) la jupe 4) la chemise 5) la robe
   6) les chaussures 7) le sac 8) les lunettes (de soleil) 9) la bague 10) le collier
2 1) violet 2) bleu blanc rouge 3) orange 4) vert 5) marron 6) rose 7) jaune
   8) gris 9) noir

◇ *Dialogue*

1) la jupe bleue 2) la jupe bleue 3) vrai
   [会話文の訳] マエヴァ：どっちが好き？青いスカート？赤いスカート？　ヤン：青い方は好きじゃないな。　マエヴァ：私は、その青いのが好き。　ヤン：あいかわらず寒色系の色が好きなんだね。
   [会話文についての質問の訳] 1) ヤンは～が好きではない。　青色のスカート／赤色のスカート
   2) マエヴァは～が好きである。　青色のスカート／赤色のスカート　3) ヤンによれば、マエヴァは寒色系の色が好きである　正／誤

◇ *Exercices*

❶ 1) aimes 2) n'aiment pas 3) aimez 4) n'aime pas ❷ 1) préfères 2) préfère
3) préférez 4) préfèrent ❸ 1) la 2) les 3) le 4) la ❹ 1) verte 2) blanches
3) grise 4) violettes 5) jaune 6) noires ❺ a) 23 b) 27 c) 25 d) 30

◇ *À vous*

[解答例] J'aime le sac noir, mais je déteste le T-shirt rouge. Je n'aime pas la chemise bleue. J'aime bien les chaussures blanches. Je n'aime pas trop la ceinture violette. J'aime beaucoup le cardigan marron. Je n'aime pas du tout la jupe rose, mais j'adore la casquette jaune.

4 課

◇ *Vocabulaire*

1 nom et prénom : ROBIC Bénédicte   profession : professeure de piano
   ville : Tours   numéro de téléphone : 02 32 06 20 11
2 1) le frère 2) la grand-mère 3) le grand-père 4) la mère 5) le mari 6) le fils
   7) la femme

1) une photo 2) faux 3) vrai 4) 21 ans

[会話文の訳] エンゾ：で、俺の携帯で何見てるの？　レア：これ誰、写真に写っているの？彼女？　エンゾ：ちがうよ。彼女じゃないよ。妹だよ。　レア：そうなの？感じよさそうね、それに目が素敵だし！歳はいくつ？　エンゾ：21歳だよ。…これくらいでいいかい、質問は？

[会話文についての質問の訳] 1) レアは～を見ている。　写真／映画／インターネットのページ　2) レアはエンゾの妹を知っている。　正／誤　3) レアによれば、エンゾの妹は感じがよさそうだ。　正／誤　4) エンゾの妹は～である。　11歳／20歳／21歳

◇ Exercices

❶ 1) connaissez 2) connais 3) connaît 4) connaissent 5) connaissons
❷ 1) Mon, ma 2) ses 3) Leur 4) notre 5) son ❸ 1) quel 2) Quelle 3) quelles
❹ 1) des animaux 2) des chevaux 3) des journaux 4) des travaux 5) des hôpitaux
6) des œufs [ø] ❺ a) 31 b) 40 37 13 25 c) 35 d) 39

◇ À vous

Lui, c'est Julien. C'est mon grand frère. Il est journaliste. Il a quarante ans. Il habite à Paris.

Elle, c'est Judith. C'est ma petite sœur. Elle est styliste. Elle a trente et un ans. Elle habite à Milan.

Elle, c'est Emma. C'est ma fille. Elle a cinq ans. Elle habite à Nice.

Lui, c'est Raphaël. C'est mon fils. Il a trois ans. Il habite à Nice.

Elle, c'est Magalie. C'est ma mère. Elle est professeure. Elle habite à Bruxelles.

Lui, c'est Arthur. C'est mon père. Il est informaticien. Il habite à Nice.

Elle, c'est Jeanne. C'est ma grand-mère. Elle est retraitée. Elle est sénégalaise. Elle habite à Dakar.

Lui, c'est Louis. C'est mon grand-père. Il est youtubeur. Il est français. Il habite à Dakar.

5 課

◇ Vocabulaire

1 1) un cabinet médical 2) nom du médecin : Robert RICHARD numéro de téléphone : 02.60.93.98.80 jour sans réservation nécessaire : samedi

2 1) la tête 2) l'oreille 3) l'œil 4) le nez 5) la bouche 6) la dent 7) la gorge
8) le cœur 9) le bras 10) l'estomac 11) la main 12) le doigt 13) le ventre
14) la jambe 15) le pied

◇ Dialogue

1) faux 2) vendredi 3) samedi et dimanche

[会話文の訳] 医者：さて、どうしましたか？　ミカエル：昨日の夕方から喉と胃が痛いのです。それで、私は近々フィリピンに行かなければいけません。それは可能だと思いますか？　医者：いつ出発ですか？　ミカエル：次の月曜です。　医者：3日後ですか…、そうですね…、旅行することは可能です。ですが、明日とあさっては安静にしておかなければいけません。いいですか？

[会話文についての質問の訳] 1) ミカエルは元気である。　正／誤　2) 何曜日に行われている会話ですか？　水曜日／木曜日／金曜日　3) ミカエルは～には安静にしていなければならない。金曜日と土曜日／土曜日と日曜日／日曜日と月曜日

◇ *Exercices*

❶ 1) aux 2) à la 3) au 4) à l' ❷ 1) dois 2) veut 3) peux 4) veulent 5) devez
❸ 1) partent 2) finit 3) choisissons 4) obéissent 5) dors 6) réfléchissez
❹ a) 50 b) 45 c) 44 d) 48, 20

◇ *À vous*

1) mal à la tête 2) Depuis 4 jours 3) tousse, mal à la gorge 4) pars

　[問題文の訳] 医師：どうしましたか？　あなた：頭が痛いんです。　医師：いつから痛むん
ですか？　あなた：4 日前からです。　医師：分かりました。咳が出ますか？　あなた：はい、
咳がでるのと、喉も痛いです。　あなた：3 日後にカルカッソンヌに出発するんです。可能でし
ょうか？　医師：いいえ、無理です。安静にしていなければいけません。

---

6 課

◇ *Vocabulaire*

1　1) a. cinq heures　b. quatorze heures
　　2) a. Il est neuf heures à Londres.　b. Il est quatre heures à Montréal.
2　1) e　2) a　3) d　4) f　5) b　6) c

◇ *Dialogue*

1) au Canada　2) assister à un mariage　3) treize heures trente　4) six heures

　[会話文の訳] ノルウェン：ああ、カナダに行かれるんですね。カナダのどちらに行かれるんです
か？　ジャン＝リュック：モントリオールに行きます。結婚式のためにね。　ノルウェン：モン
トリオールなんですね。向こうはいま何時ですか。　ジャン＝リュック：パリが 13 時 30 分だか
ら、モントリオールは 7 時 30 分ですね。
　[会話文についての質問の訳] 1) ジャン＝リュックは～へ行く。　カナダ／フランス／アメリカ
2) ジャン＝リュックは～ために旅行をする。　友人に会う／結婚式へ出席する／マリ＝アンジ
ュに会う　3) パリは～である。　3 時 30 分／ 13 時 30 分／ 23 時 30 分　4) モントリオールと
パリの間には時差はどれくらいありますか。　5 時間／ 6 時間／ 7 時間

◇ *Exercices*

❶ 1) vais, vas　2) allons　3) vont　4) va　5) allez
❷ 1) Il est neuf heures / vingt et une heures.　2) Il est huit heures vingt / vingt
heures vingt.　3) Il est midi / minuit / douze heures.　4) Il est dix heures et quart /
dix heures quinze / vingt-deux heures quinze.　5) Il est cinq heures et demie / cinq
heures trente / dix-sept heures trente.　6) Il est trois heures moins le quart / deux
heures quarante-cinq / quatorze heures quarante-cinq.
❸ 1) en　2) à, en　3) aux　4) au　5) en　❹ a) 22, 55　b) 54　c) 51　d) 60

◇ *À vous*

Le dix octobre, je vais à Amsterdam, aux Pays-Bas pour une réunion de travail.
Le trente et un décembre, je vais à Bangkok, en Thaïlande pour une fête avec Chloé
et Bruno.
Le trente janvier, je vais à Tunis, en Tunisie pour une conférence.
Le premier mars, je vais à Rabat, au Maroc pour un mariage.
Le treize juin, je vais à Bruxelles, en Belgique pour un concert avec mes amis.
Le vingt-cinq août, je vais à Lisbonne, au Portugal pour une exposition d'art africain.

◇ *Vocabulaire*

1　1) Caroline Scherrer　2) 01 27 44 36 25　3) fabien_durand6927@tree.fr
　　4) (au) Gymnase Louis Aragon
2　activités sportives：la natation, le vélo / cours de musique：l'accordéon, la flûte /
　ateliers culturels：l'informatique, la calligraphie

◇ *Dialogue*

1) vrai　2) oui　3) à 15 heures

［会話文の訳］ドゥニ：もしもし、ヤスミナ、今日の午後、暇？　ヤスミナ：うん、時間あるよ。
なんで？　ドゥニ：大学で友達と一緒にフットサルやるんだよね。一緒に来ない？　ヤスミナ：
いいよ。何時に集合？　ドゥニ：15時だよ。で、今度は時間通りに来いよな。
［会話文についての質問の訳］1) ヤスミナは午後空いている。　正／誤　2) ヤスミナはドゥニと
フットサルをしますか？　はい／いいえ　3) ドゥニは〜にフットサルをする。　13時／14時／
15時

◇ *Exercices*

❶ 1) vient　2) venez　3) viens　4) viennent
❷ 1) font du baseball　2) faisons du vélo　3) fait de la guitare　4) faites du piano
❸ 1) cette　2) Ces　3) cette　4) cet　❹ 1) toi　2) eux　3) lui　4) moi
❺ a) 62　b) 67　c) 68　d) 70

◇ *À vous*

1) On peut faire de la danse contemporaine ensemble ?
2) Ça vous dit de faire du théâtre avec moi ?

［問題文の訳］1) ラファエルにどんな活動を提案しますか？
ラファエル、会社員、41歳　私は子どもたちとヴァイオリンをやっています。ダンスをするのが
大好きです。月曜夜と金曜夜は空いています。私は9歳の娘と活動をしたいです。
2) フランクにどんな活動を提案しますか？
フランク、教師、60歳　ダンスはあまり好きではないんです。週末は空いていませんが、月曜
から金曜は19時以降は空いています。

◇ *Vocabulaire*

1

2　1) f　2) e　3) a　4) d　5) c　6) g　7) h　8) b

◇ *Dialogue*

1) faux 2) vrai   3) sur Internet

[会話文の訳] ジャン＝クロード：ねえ、ちょっと来れるかい？ インターネットで列車の切符を予約したよ。　フランソワーズ：ちょっと待って、すぐ行くから。眼鏡を探してる。[…] あら、出発は5月2日じゃないわ、3日に出発よ！　ジャン＝クロード：あ…本当だ！ まあ、直しておくさ。新しい切符を取るよ。

[会話文についての質問の訳] 1) フランソワーズとジャン＝クロードは5月2日に出発する。正／誤　2) ジャン＝クロードは5月3日のチケットをこれから買う。　正／誤　3) ジャン＝クロードはチケットを～で予約したところだ。　窓口で／インターネットで／自動券売機で

◇ *Exercices*

❶ 1) venons de faire   2) vas prendre   3) va avoir   4) vient d'entrer   5) venez de rentrer   6) vont aller   ❷ 1) un nouvel hôtel   2) une longue période   3) une lumière naturelle   4) de fausses nouvelles   5) des filles sportives   6) une bonne idée

❸ 1) prenons   2) surprend   3) apprennent   4) comprenez

❹ a) 74   b) 71   c) 73   d) 75

◇ *À vous*

1) ce n'est pas possible / je ne peux pas   2) je vais assister à un cours de tennis avec John   3) je vais dîner avec ma famille au restaurant   4) Je vais aller au cinéma avec Zoé à 13h

[問題文の訳] パブロ：やあ！ この金曜19時のディナー、興味ある？／やあパブロ！ ごめん、この金曜はだめなんだ。ジョンとテニス教室に参加することになっているから。／パブロ：それは残念！ 12日の土曜なら来られる？／残念なんだけど、12日はだめなんだ。家族とレストランでディナーを食べるから。／パブロ：本当に忙しいね！ じゃあ、13日の日曜日は？／13時にゾエと映画に行くことになってる。でも夜は空いてるよ。／パブロ：OK、じゃあ日曜日に！

9 課

◇ *Vocabulaire*

1 a) 10   b) 5   c) 2   d) 4   e) 11

2 1) papeterie   2) surgelés   3) épicerie   4) électroménager   5) fleurs

[問題文の訳] 1)「衛生と美容」コーナーと「乳製品」コーナーの間には「文房具」コーナーがある。そこにノートがある。　2) チーズは「冷凍食品」コーナーの後ろにある。　3)「飲み物」コーナーのとなりに「保存食品」コーナーがある。そこに、オリーブオイルがある。　4)「電化製品」コーナーは店の奥にある。　5) レジは「生花」コーナーの左にある。

◇ *Dialogue*

1) dans un supermarché   2) faux   3) vrai

[会話文の訳] 客：すみません、シャンプーを探しているんですが。　店員：シャンプー売り場ですか？ お店の奥にございます。　客：はい、でも正確にはどこですか？　店員：そうですね、冷凍食品売り場と掃除用品売り場の間にございます。よい一日を！　客：あ、それと、ヨーグルトはどこにありますか？　店員：あぁ、それは、お客様のすぐ後ろにございますよ！

[会話文についての質問の訳] 1) これらの人物はどこにいますか？　レストラン／スーパーマーケット／薬局　2) 客は冷凍食品を探している。　正／誤　3) シャンプーは掃除用品の隣にある。正／誤

◇ *Exercices*

❶ 1) des 2) de l' 3) de la 4) du ❷ 1) à côté de 2) dans 3) à droite des
4) derrière 5) à gauche des 6) sur 7) entre 8) sous 9) devant
❸ a) 90 b) 81 c) 85 d) 06 86 89 82 88

◇ *À vous*

［解答例］ Les shampoings sont au rayon « hygiène et beauté ». C'est derrière le rayon
« fleurs ».
Vous allez trouver les chocolats au rayon « épicerie » : c'est entre la caisse et le rayon
« surgelés ».
Vous pouvez trouver les jambons au rayon « boucherie », à gauche du rayon
« fromagerie ».
Les jus de fruits se trouvent au rayon « boissons », à côté du rayon « alcools ».
Les packs de lait ? Vous allez trouver ça au rayon « produits frais », en face de la
sortie.

１０ 課

◇ *Vocabulaire*

1 1) un catalogue 2) 3, 19, 12, 11
2 1) le four 2) le micro-ondes 3) les plaques 4) le lave-vaisselle 5) la bouilloire
   6) le frigo (le réfrigérateur)

◇ *Dialogue*

1) vrai 2) du dix-neuvième siècle 3) treize euros

［会話文の訳］客：このお皿、とてもかわいらしい！これ、いくらですか？　店員：16 ユーロです。
これは 19 世紀のお皿です。　客：16 ユーロ？ ちょっと高いですね…。　店員：では 13 ユーロで、
いかがです？
［会話文についての質問の訳］1) 客はお皿が気に入っている。　正／誤　2) お皿は何世紀のもので
すか？　16 世紀／19 世紀／20 世紀　3) 客は〜支払う。　13 ユーロ／16 ユーロ／19 ユーロ

◇ *Exercices*

❶ 1) Ça fait combien 2) C'est cher 3) C'est combien 4) Ce n'est pas cher
   ［問題文の訳］1) 私は皿とフォークを買います。合わせていくらですか？　2) この小さな皿が
   100 ユーロだなんて！高いよ！　3) このナイフとてもかわいいですね。いくらですか？　4) 冷
   蔵庫がたった 90 ユーロ。安いですね！
❷ 1) très 2) peu 3) trop 4) assez 5) vraiment 6) un peu
❸ 1) premier 2) seizième 3) quatre-vingt-quatorzième 4) dix-huitième
❹ a) 91 b) 100 c) 99, 92 d) 95

◇ *À vous*

1 1) C'est combien 2) C'est cher 3) Par carte, s'il vous plaît 4) en espèces
2 1) Ça fait combien 2) Ce n'est pas cher / C'est bon marché
   3) Par carte, s'il vous plaît
   ［問題文の訳］1 あなた：いくらですか？　店員：130 ユーロです。　あなた：130 ユーロ！高い
   ですね。　店員：そんなものですよ！クリスタルガラスなんですから… 110 ユーロなら OK です
   か？　あなた：分かりました。　店員：支払方法はどうされますか？　あなた：カードでお願い

します。　店員：すみません、カードは受け付けてないんです。　あなた：いいでしょう、現金でお願いします。

2　あなた：この３枚のお皿をお願いします。合わせていくらですか？　店員：全部で 12 ユーロです。　あなた：安いですね！　店員：はい、お得になっておりますよ！　支払方法はどうされます？　あなた：カードで支払います。　店員：承知しました。

１１課

◇ *Vocabulaire*

1　garçons : 1) policier, gendarme, militaire, pompier　2) pilote d'avion, astronaute
3) sportif professionnel, athlète olympique　4) ingénieur, architecte
filles : 1) maîtresse d'école, professeure　2) vétérinaire　3) chanteuse, danseuse,
actrice, comédienne　4) cuisinière, pâtissière

2　1) boulangère　2) serveuse　3) boucher　4) charcutier　5) chocolatière

◇ *Dialogue*

1) faire un stage　2) une bonne sommelière　3) à Bordeaux ou en Bourgogne
4) beaucoup de temps

> ［会話文の訳］セバスチャン：パリのレストランで研修を受けたいんです。　ヴェロニック：なんでパリなの？　セバスチャン：そこにはよいレストランがあるからです。それに、あなたのようなソムリエになりたいんです！　ヴェロニック：それならむしろボルドーかブルゴーニュ地方へ行くべきですよ。それに、ねえ、優秀なソムリエになるためには多くの時間が必要ですよ。
> ［会話文についての質問の訳］1) セバスチャンは〜ためにパリに行く。　町を見学する／研修を受ける／カフェで働く　2) ヴェロニックは〜である。　優秀な料理人／優秀なソムリエ／優秀なインターン　3) ヴェロニックによれば、ソムリエになるためには〜へ行くべきである。　パリかボルドー／パリかブルゴーニュ地方／ボルドーかブルゴーニュ地方　4) ヴェロニックによれば、優秀なソムリエになるためには〜が必要である。　多くの時間／多くのお金／多くの運

◇ *Exercices*

❶　1) Je voudrais être vétérinaire.　2) Je voudrais être sportive professionnelle.　3) Je voudrais être pâtissière.　4) Je voudrais être chanteur.

> ［訳］1) 私は動物が好きです。私は獣医になりたいです。　2) 私はスポーツが好きです。私はプロスポーツ選手になりたいです。　3) 私はケーキを作るのが好きです。私はパティシエになりたいです。　4) 私は歌うのが好きで、とても上手に歌います。私は歌手になりたいです。

❷　1) Un peu de　2) trop de　3) beaucoup de　4) assez d'　5) peu de

❸　1) il faut　2) il ne faut pas　3) Il faut

> ［訳］1) 外国に行くためには、パスポートが必要だ。　2) 健康であるためには、アルコールを飲み過ぎてはいけない。　3) すぐ出発しなければならない。私たちはすでに遅刻している。

❹　a) 101　b) 750　c) 505　d) 768

◇ *À vous*

［解答例］1) Il faut étudier sérieusement. Il faut aller étudier en France / dans un pays francophone. Il faut aller à l'université.
2) Il faut visiter la Tour Eiffel. Il faut visiter le Louvre. Il faut visiter l'Arc de triomphe.

3) Il faut acheter un gâteau. Il faut acheter une bouteille de champagne. Il faut acheter des fleurs et un cadeau !

4) Il ne faut pas boire trop d'alcool. Il ne faut pas trop manger. Il ne faut pas abandonner. Il ne faut pas rater les entraînements.

１２ 課

◇ *Vocabulaire*

1 1) une recette de cuisine 2) 20 3) 5 4) 30 g de sucre, 30 g de beurre demi-sel, 6 œufs bien frais, 200 g de chocolat noir à pâtisser (ou blanc, au lait...)

[問題の訳] 1) このドキュメントは~だ。 レストランのメニュー／料理のレシピ／買い物リスト 2) このチョコレートムースを準備するためには、~分必要だ。 3) これは何人分ですか？ ~人 4) このチョコレートムースを作るために、材料として何が必要ですか？ ~が必要。

2 1) placez 2) ajoutez 3) coupez 4) battez 5) versez 6) mélangez 7) séparez

[レシピの訳]

難易度	やさしい
準備時間	20 分
調理時間	0 分
分量	5 人分

材料リスト
・砂糖 30g
・有塩バター 30g
・新鮮な卵 6 個
・菓子用ブラックチョコレート
（あるいはホワイトチョコレート、ミルクチョコレート…）200g

作り方
1. チョコレートをきざみ、(たとえば電子レンジなどで)バターと一緒に溶かす
2. 卵の白身を黄身から分け、黄身を砂糖と一緒に攪拌する
3. 黄身と砂糖を溶けたチョコレートに加え、混ぜて冷やす
4. 白身を塩一つまみと一緒に泡立て、それらを下ごしらえしたチョコレートに加える
5. 容器に注ぎ、一晩冷蔵庫に入れる

◇ *Dialogue*

1) faux 2) vrai 3) 20cL 4) de la crème fraîche

[会話文の訳] マエヴァ：それでここで何を入れるの？ 豆乳を少し？ 私大好きなんだよね！ アントワーヌ：ちがうよ、豆乳じゃないよ。牛乳だよ。 マエヴァ：何センチリットル入れる？ アントワーヌ：20 センチリットルだよ。フレッシュクリームも入れ忘れないでね。

[会話文についての質問の訳] 1) 彼らは豆乳を加える。 正／誤 2) マエヴァは豆乳が大好きである。 正／誤 3) どれくらいの牛乳が必要ですか。 20cL ／ 25cL ／ 80cL 4) 彼らは~も入れる。 シュークリーム／フレッシュクリーム／キャラメルクリーム

◇ *Exercices*

❶ 1) mets, du 2) mets, de la 3) met, du 4) mettez, de l' 5) mettent, de la

❷ 1) trois tranches de 2) deux morceaux de 3) un kilo de 4) une cuillère à café de 5) une tasse de 6) deux cents grammes de ❸ 1) Ajoutez des légumes dans la poêle.

2) N'ouvrez pas la porte du four. 3) Coupe les carottes en petits morceaux.

4) Faites mijoter de la viande de porc. ❹ a) 1 000 b) 2050 c) 1984 d) 7 000 000

◇ *À vous*

1) d 2) b 3) a 4) e 5) c

[肉じゃがのレシピの訳] 肉じゃが（牛肉とジャガイモの煮込み）のレシピ

1. 最初に、肉と玉ねぎを薄切りにする（d）
2. ジャガイモとニンジンの皮をむき、小さく切る（b）
3. 中火のフライパンでオリーブオイルを熱する
4. 肉を炒める
5. 肉を 10 分弱火で煮込む（a）
6. ジャガイモ、玉ねぎ、ニンジンを加える
7. つづいて、水、料理酒、だし汁を加える
8. 砂糖とみりんを加え、5 分煮る
9. つづいて、醤油を加え、5 分煮込む
10. もう 5 分煮込む（e）
11. 最後に、ご飯と一緒に出してください。さあ召し上がれ！（c）

１３ 課

◇ *Vocabulaire*

1 1) dans un aéroport 2) numéro de la porte : D24   statut du vol : retardé
comptoir d'enregistrement : D

2 1) h 2) e 3) g 4) c 5) b 6) a 7) d 8) f

◇ *Dialogue*

1) un service 2) vrai 3) le mari d'Alice

[メール文の訳] 拝啓　ブリュッセルへの到着日時をお知らせするためにご連絡させていただきました。8 月 22 日、13 時 50 分です。NH206 便です。空港まで私を迎えに来ていただけるでしょうか？敬具　黒澤アツシ／拝啓　アツシさん　メッセージをありがとうございます。私の夫があなたを空港に迎えに行きます。ゲート D で彼を待っていていただけますか。彼には、あなたの旅行についての情報を伝えておきます。　敬具　アリス・ヴォーゲル

[メール文についての質問の訳] 1) アツシがアリスにメールを書いているのは〜ためだ。　時刻を尋ねる／手助けをお願いする／彼女の年齢を尋ねる　2) アツシはアリスに空港へ迎えに来るようにお願いする。　正／誤　3) 誰が空港にアツシを迎えに行きますか？　アリス／アリスの夫／アリスの息子

◇ *Exercices*

❶ 1) Ils la connaissent. 2) Elle les met. 3) Nous lui donnons un conscil. 4) Je vais le vendre. 5) Elles leur répondent. 6) Vous ne l'entendez pas bien ? 7) Vous pouvez lui écrire un mail. ❷ 1) me plaît. 2) ne nous écrit pas souvent. 3) ne m'obéissent pas. ❸ 1) Téléphone-lui. 2) Réponds-lui tout de suite. 3) Attendons-le encore un peu. 4) Parlez-leur de votre voyage. ❹ a) 19 b) 505 c) 6 d) 2

◇ *À vous*

[解答例] Madame, Monsieur,
Enchantée, je m'appelle Sakura Nishikawa. Je suis japonaise et étudiante.
Je vous écris pour vous annoncer la date de mon arrivée à Paris : le 30 mai, à 6h20.
C'est le vol NH267. Est-ce que vous pouvez venir me chercher à l'aéroport ?
Cordialement,
Sakura Nishikawa

14 課

◇ *Vocabulaire*

1　1) l'âge　2) quinze heures　3) faux

[問題文の訳] 1) この表は～ごとの睡眠時間を表している。　性別／年齢／職業　2) 6 ヶ月の子どもの平均睡眠時間は～だ。　10 時間／14 時間／15 時間　3) 4 歳の子どもは一般的に 10 時間眠る。　正／誤

2　1) s'habiller　2) se maquiller　3) se brosser les dents　4) se laver　5) se coucher
　6) se coiffer　7) se raser　8) se réveiller

◇ *Dialogue*

1) six heures　2) vrai　3) du yoga

[会話文の訳] ジブリル：健康のために何か特別なことはしていますか？　リュシー：はい、毎朝 6 時に起床します。朝食にはいつも野菜ジュースを飲んでいます。それからスポーツジムへ行く前にヨガを 30 分しているんです。それから…　ジブリル：待ってください… 毎朝それをしているんですか？まったく休まないんですね！

[会話文についての質問の訳] 1) 毎朝リュシーは～に起床する。　6 時／6 時 30 分／7 時　2) 彼女は毎朝野菜ジュースを飲んでいる。　正／誤　3) スポーツジムへ行く前に彼女は～をしている。　ジョギング／ヨガ／ダンス

◇ *Exercices*

❶ 1) vous couchez　2) buvez　3) me réveille　4) te lèves　5) boivent

❷ 1) Je ne me promène pas tous les soirs.　2) Il ne s'habille pas en noir.　3) Les enfants ne se brossent pas les dents avant d'aller au lit.

❸ 1) Détendons-nous　2) Amuse-toi　3) Ne vous douchez pas

❹ 1) tous　2) toutes　3) tous　❺ a) 88　b) 17　c) 22　d) 11

◇ *À vous*

1) [12 時間制] Il se lève à six heures (6h). Il prend le petit déjeuner à six heures et demie (6h30). Il se brosse les dents à sept heures (7h). Il se lave à sept heures et quart (7h15). Il s'habille et il se coiffe à huit heures (8h). Il arrive au travail à neuf heures (9h). Il rentre chez lui à six heures et demie (6h30) du soir. Il dîne à huit heures (8h) du soir. Il se couche à onze heures et demie (11h30) du soir.
[24 時間制] Il se lève à six heures (6h). Il prend le petit déjeuner à six heures trente (6h30). Il se brosse les dents à sept heures (7h). Il se lave à sept heures quinze (7h15). Il s'habille et il se coiffe à huit heures (8h). Il arrive au travail à neuf heures (9h). Il rentre chez lui à dix-huit heures trente (18h30). Il dîne à vingt heures (20h). Il se couche à vingt-trois heures trente (23h30).
2) [12 時間制] Je me lève à dix heures (10h). Je me lave le visage à dix heures et quart (10h15). Je prends le petit déjeuner à dix heures et demie (10h30). Je me brosse les dents à onze heures (11h). Je me maquille et je me coiffe à onze heures et quart (11h15). Je vais faire du shopping avec Déborah à midi. Je dîne dans un restaurant avec Jean à huit heures (8h) du soir. Je rentre chez moi à dix heures et demie (10h30) du soir. Je me douche à onze heures (11h) du soir. Je me couche à minuit.
[24 時間制] Je me lève à dix heures (10h). Je me lave le visage à dix heures quinze (10h15). Je prends le petit déjeuner à dix heures trente (10h30). Je me brosse les dents

à onze heures (11h). Je me maquille et je me coiffe à onze heures quinze (11h15). Je vais faire du shopping avec Déborah à douze heures. Je dîne dans un restaurant avec Jean à vingt heures (20h). Je rentre chez moi à vingt-deux heures trente (22h30). Je me douche à vingt-trois heures (23h). Je me couche à minuit.

１５ 課

◇ *Vocabulaire*

1　1) un menu de restaurant　2) le déjeuner　3) du porc　4) vingt euros

[メニューの訳] お昼限定セットメニュー／前菜＋メイン あるいは メイン＋デザート／15 ユーロ（＋追加料金）／前菜＋メイン＋デザート／20 ユーロ（＋追加料金）／前菜／ニース風サラダ／半熟卵のアスパラガス添え／鯖のオリーブオイル・マリネ／メイン／豚肉のコンフィの冬野菜添え／真鱈のパヴェ、レンズ豆を添えて ＋2 ユーロ／牛フィレステーキ、モリーユ茸を添えて ＋5 ユーロ／デザート／リンゴのタルト、ヨーグルトアイスクリーム／バニラミルフィーユ／カフェ・グルマン ＋2 ユーロ

[問題文の訳] 1) このドキュメントは～だ。　カレンダー／学校の黒板／レストランのメニュー　2) これらの料理は～として提供される。　朝食／昼食／夕食　3) メインとして、～を選ぶことができる。　豚肉／半熟卵／タルト　4) フルメニュー（前菜＋メイン＋デザート）は、少なくとも～かかる。　15 ユーロ／16 ユーロ／20 ユーロ

2

Boissons alcoolisées	Boissons non alcoolisées
une coupe de champagne, un kir, une bière, un verre de vin rouge	un expresso, un thé, une bouteille d'eau gazeuse, un jus d'orange, une bouteille d'eau minérale

◇ *Dialogue*

1) commande quelque chose　2) faux　3) vrai　4) un espadon

[会話文の訳] ウェイター：ご注文、お決まりですか？　ルイーズ：はい、ヘダイのグリルをひとつください。　ウェイター：申し訳ございません、ヘダイは切らしておりまして。ただ、今朝メカジキが入りました。シェフが言うには、本当においしいとのことです。　ルイーズ：あ、メカジキは食べたことないんですよね。ではそれをひとつください。

[会話文についての質問の訳] 1) ルイーズは～。　何かを注文している／会計を頼んでいる／テーブルの予約をしている　2) このレストランには、もうメカジキはない。　正／誤　3) ルイーズは、メカジキを食べたことが一度もない。　正／誤　4) 彼女は最終的には何を選びましたか？　サケ／ヘダイ／メカジキ

◇ *Exercices*

❶ 1) avons acheté　2) n'avez pas vu　3) a fait une réservation　4) ai voulu dîner
5) n'ai pas pu prendre

❷ 1) elle ne fait plus de sport　2) je n'entends rien / nous n'entendons rien　3) je ne vais jamais / nous n'allons jamais à l'opéra　4) il n'a aucune chance de gagner

[訳] 1) 彼女はスポーツをしていますか？ ― いいえ、彼女はもうスポーツをしていません。　2) あなたは何か聞こえますか？ ― いいえ、私／私たちには何も聞こえません。　3) オペラに行ったりしますか？ ― いいえ、私／私たちオペラには普段から行きません。　4) どうだろう、彼に勝機はあるかな？ ― いや、勝てっこないね。

❸ 1) j'en viens 2) j'en ai acheté 3) vous devez / tu dois en parler avec vos / tes parents

❹ a) quarante-trois b) trente et un c) quatre-vingts d) quatre-vingt-quinze

◇ À vous

1) prends / vais prendre une dorade (au four aux pommes de terre) 2) prends / vais prendre un poulet rôti 3) prends / vais prendre un risotto aux légumes

[訳] セバスチャン：毎日魚を食べるんだ。今日も魚を食べたいね。　オドレイ：私はアレルギーだから豚肉はけっして食べない。魚と野菜は好きじゃない。お昼に牛肉を食べたから、ほかのものを試したいかな。　フレデリック：ベジタリアンだから肉は一度も食べたことないな。

１６課

◇ Vocabulaire

1 1) en France 2) à la mer 3) faux

[問題文の訳] 1）フランス人はヴァカンス先として、どちらかといえば～行く。　外国に／フランス国内に　2）彼らはヴァカンス先として～行くことをより好む。　海に／山に　3）平均して、彼らはヴァカンスのために最低 2000 ユーロは使っている。　正／誤

2 1) un bus, d 2) une voiture, e 3) un métro, c 4) un bateau, f 5) un avion, b 6) un train, a

◇ Dialogue

1) en été 2) en avion 3) trois jours

[会話文の訳] マチス：前の夏、アジアへ行ったんだよね？　レオニ：うん、前の８月に行ったよ。大冒険だった！まず、ヴェトナムまでは飛行機で、それから電車でカンボジアへ行ったんだ。マチス：タイも訪ねたんだっけ？　レオニ：そう、そこに３日滞在して、歩いてバンコク観光をしたんだよ。

[会話文についての質問の訳] 1) レオニは～アジアへ行った。　夏に／秋に／冬に　2) レオニは～ヴェトナムに行った。　徒歩で／飛行機で／電車で　3)レオニはタイに～のあいだ滞在した。３日／13 日／３週間

◇ Exercices

❶ 1) est partie 2) sommes arrivé(e)s 3) ne sont pas rentrés 4) sont allées 5) nous sommes allés / on est allés 6) n'est pas arrivé

❷ 1) elle n'y habite pas 2) je veux y aller 3) nous y allons 4) il y est allé

❸ 1) à 2) en 3) à ❹ a) 1957 b) 1675 c) 28, 2021 d) 2017

◇ À vous

・ジュリーの手紙

Elle est partie en Europe centrale le 21 avril. Elle est arrivée en Slovénie le 27 avril. Elle a déjà visité quelques villes et elle a passé quelques jours à Maribor. Elle est allée également jusqu'à la frontière avec l'Italie. Elle a découvert la culture slave et elle aime beaucoup ce pays.

[絵葉書の訳] リュブリャナ、５月４日

サラへ

私は中央ヨーロッパに４月 21 日に出発して、スロヴェニアには４月 27 日に到着しました。もういくつか都市を訪れていて、マリボルで数日過ごしました。そしてイタリアとの国境までも行き

ました。スラブ文化を初めて知って、この国がとても好きになりました。

お元気で。

ジュリー

・ヴァンサンの手紙

Le 15 juin, avec toute la famille, ils sont partis de l'aéroport de Genève. Ils sont arrivés au Caire, en Égypte. D'abord, ils sont allés voir les pyramides. Puis, ils ont fait un tour en ville. Le soir, ils ont dîné dans un restaurant traditionnel du centre-ville : ils ont découvert les spécialités locales ! Enfin, ils sont rentrés tard à l'hôtel, vers minuit.

[絵葉書の訳] カイロ、6月16日

やあ、マチュー

6月15日に、家族のみんなとジュネーヴ空港を出発して、エジプトのカイロに着いたんだ。まずピラミッドを見に行って、それから街を歩いてまわった。夕方、中心街にある昔ながらのレストランで夕食をとって、名物料理を初めて味わったんだ！それで夜遅く、真夜中頃にホテルに帰って来たんだよ。

じゃあね。またスイスでね。

ヴァンサン

１７ 課

◇ *Vocabulaire*

1 1) 7,50 euros 2) 1,28 euros 3) 7,35 euros

[訳] 1) あなたはパリにいます。あなたは手紙（125g）を友人に送りたいと思っています。彼女はニューヨークに住んでいます。あなたは〜の切手を買います。 3.00 ユーロ／4.71 ユーロ／7.50 ユーロ 2) あなたはまた、絵葉書1枚（20g 以下）を友人に送りたいと思っています。彼はボルドーに住んでいます。あなたは〜の切手を貼ります。 1.28 ユーロ／1.50 ユーロ／4.95 ユーロ 3) 600 グラムの小包を送るのにいくら必要ですか？ 4.95 ユーロ／6.45 ユーロ／7.35 ユーロ

2 1) le clavier 2) l'ordinateur 3) la poubelle 4) la souris 5) la chaise 6) le stylo 7) le tiroir 8) l'imprimante 9) le bureau 10) l'agenda

◇ *Dialogue*

1) vrai 2) de téléphoner 3) occupé

[会話文の訳] アンヌ：こんにちは。課長はどこにいますか？彼と話さないといけないのですが。スティーブ：すみません、分からないです…ですが彼に電話できます。携帯持っていますから。アンヌ：彼の電話番号を教えていただけますか？ スティーブ：もちろんです。06 79 93 81 02 です。でも彼はとても忙しい人だから、すぐには電話に出ないかもしれませんね。

[会話文についての質問の訳] 1) アンヌは誰かを探しに来た。 正／誤 2) スティーブはアンヌに〜を提案する。 少し待つこと／メッセージを残すこと／電話をすること 3) スティーブによれば、課長はとても〜人である。 面白い／意地が悪い／忙しい

◇ *Exercices*

❶ 1) j'ai besoin d'une adresse mail 2) j'ai besoin d'un bloc-notes 3) j'ai besoin d'une agrafeuse 4) j'ai besoin d'une gomme 5) j'ai besoin d'une chaise 6) j'ai besoin d'une enveloppe 7) j'ai besoin d'une poubelle 8) j'ai besoin d'un clavier

❷ 1) quelque chose 2) quelqu'un 3) quelqu'un 4) quelque chose

[訳] 1) 冷蔵庫の中に何かある？ のどが渇いてるんだ。— オレンジジュースがあると思うよ。
2) きのうの夜誰かと会ったよね？ 誰なの？ その女の子は。 3) 声が聞こえる。その部屋に誰か
いるんだろうか？ 4) 何か探してるの？ — うん。財布を失くしたんだ…。

❸ 1) 06 41 85 32 20 2) 17, 15 **❹** 1) 5 2) 14 3) 19

◇ *À vous*

1) Nous avons besoin de prendre rendez-vous avec M. Le Brun. Pourriez-vous
(pourrais-tu) lui téléphoner à 16 heures ?

2) Nous avons besoin de faire une petite présentation sur notre nouveau produit.
Pourriez-vous (pourrais-tu) aller à la société Alphabêta vendredi à 14 heures ?

1 8 課

◇ *Vocabulaire*

1 1) un bulletin météo 2) le 21 3) moins froid que le 21 4) vendredi

[問題文の訳] 1) このドキュメントは～である。 時間割／カレンダー／天気予報 2) ～には 12
度である。 21日／22日／23日 3) 22日、（気温は）～である。 21日より寒い／21日と同
じくらい寒い／21日ほど寒くない 4) ～には、傘を持って行かなくてはならない。 水曜日／
木曜日／金曜日

2 l'orage = Il y a des éclairs et du tonnerre ! = orageux / les nuages = Il fait gris. =
nuageux / la neige = Il fait très froid ! = neiger / la pluie = Il pleut. = pleuvoir / le
soleil = Il fait beau ! = ensoleillé

◇ *Dialogue*

1) il pleut 2) 19 degrés 3) faux

[音声の訳] 天気解説者：フランス北部では、明日、晴れになるでしょう。一方南部では、一日中
雨になるでしょう。気温は、パリは 25 度、ストラスブール 19 度、リヨン 18 度の予想です。フラ
ンス本土全体で、気温は今日より穏やかになりますが、風がより強くなるのでご注意ください。
[音声についての問題の訳] 1) フランス南部の明日の天気はどうなりますか？ 雨が降る／晴れ
る／雪が降る 2) ストラスブールの気温は何度になりますか？ 18 度／19 度／25 度 3) 明日、
フランス本土では今日より風が弱い。 正／誤

◇ *Exercices*

❶ 1) Il fait, il y a 2) Il y a, il fait 3) Il fait, il y a 4) Il fait, il y a

❷ 1) moins 2) plus 3) moins 4) autant 5) plus 6) aussi 7) plus

❸ 1) dans le nord de 2) à l'est de 3) au sud de 4) dans l'est de 5) à l'ouest de
6) dans le sud de

[訳] 1) リールはフランスの北部にあります。2) ドイツはベルギーの東にあります。3) サルデ
ーニャ島はコルシカ島の南にあります。4) ストラスブールはフランスの東部にあります。5) ス
イスはオーストリアの西にあります。6) モンペリエはフランスの南部にあります。

◇ *À vous*

1) Non, il ne fait pas nuageux / il fait beau / il y a du soleil.

2) Non, il fait moins froid à Marseille / il fait plus froid à Paris.

3) Non, il fait plus doux à Ajaccio / il fait moins doux à Ajaccio.

4) Il fait très froid et il fait zéro degré.

5) Nous sommes en hiver.

[音声とその訳] Voici les prévisions pour demain, jeudi 16 décembre. Il y a du soleil à Biarritz, à Bordeaux ou encore à Toulouse. À Paris, il fait plutôt nuageux. Voyons les températures : 10 degrés à Marseille, 7 degrés à Paris, 15 degrés à Ajaccio et 9 degrés à Bordeaux. Attention, partout dans l'est de la France, il fait très froid : zéro degré ! L'hiver est bien là !

明日12月16日木曜日の天気予報です。ビアリッツ、ボルドー、さらにトゥールーズでは日差しがあるでしょう。パリは、より曇りがちでしょう。気温を見ておきましょう。マルセイユ10度、パリ7度、アジャクシオ15度、そしてボルドーでは9度でしょう。フランス東部はとても寒くなるので気を付けてください。零度です！冬の到来です！

１９ 課

◇ *Vocabulaire*

1 1) le cinéma　2) les 15-24 ans　3) vrai

[問題文の訳] 1) 外出時に、フランス人がもっとも好きな娯楽は？　舞台・ショー／展覧会／映画　2) もっとも映画を好きな世代は？　15－24歳／25－34歳／35－49歳　3) 演劇は25－34歳の世代でもっとも人気がない。　正／誤

2

événements sportifs	événements culturels
la Coupe du monde de football, les Jeux Olympiques (d'été / d'hiver), Le Tour de France	le Festival de Cannes, la Fête de la Musique, le Carnaval de Nice, le Festival d'Avignon, le Festival Interceltique de Lorient, les Journées européennes du patrimoine

◇ *Dialogue*

1) une chanson récente　2) fatigué　3) vrai

[会話文の訳] [ライブ中] ジャック：イエーイ！　ジャンヌ：本当に、彼らの最新アルバムで一番いい曲だよ！　[ライブ後] ジャンヌ：大丈夫？ 調子悪いの？　ジャック：いいや、大丈夫だよ。くたくただけど、人生で一番いい日だよ！

[会話文についての質問の訳] 1) 2人は何を聴いたばかりですか？　出来の悪い歌／最近の歌／古い歌　2) ジャックは～　病気である／疲れている／幻滅している　3) ジャックはコンサートに行ったことに満足している。　正／誤

◇ *Exercices*

❶ 1) Non　2) Si　3) Oui　4) si

[問題の訳] 1) 明日、映画に来る？ ― いえ、ありがとう。でも忙しいんだ。　2) この作家は嫌いですか？ ― いえ、私は彼の小説のファンですよ。　3) この映画は気に入りましたか？ ― はい、私たちは大好きです。　4) こんなの、絶対無理だよ…。 ― いや、そんなことないよ。大丈夫だよ！

❷ 1) meilleure　2) mieux　3) meilleur　4) mieux

❸ 1) la meilleure　2) le moins　3) les meilleurs　4) la moins

❹ a) quarantaine　b) vingtaine　c) milliers　d) centaines

◇ *À vous*

1) C'est *Le fils du roi*. / Le meilleur film, c'est *Le fils du roi*.

2) C'est *La guerre des planètes*. / *La guerre des planètes* a le plus d'effets spéciaux.

3) Non, c'est moins bien ! / *Avec ou sans toi*, c'est mieux !

4) C'est dans *La guerre des planètes*. / Les dialogues sont les moins intéressants dans *La guerre des planètes*.

[訳]

	『王の息子』 （歴史映画）	『ペンギンが ポチャン』 （アニメーション）	『あなたがいても いなくても』 （ラブコメディー）	『プラネット・ ウォー』 （アクション映画）
全体評価	♥♥♥♥♥	♥♥♡♡♡	♥♥♥♡♡	♥♡♡♡♡
ストーリー	とても面白い！	普通	面白い	ステレオタイプが 過ぎる
セリフ	とても活き活きとし ている！	独創性を感じない	とても自然	ひどい！
アクション	多い	少ない	少ない	非常に多い！
特殊効果	特殊効果なし	あり （アニメーション）	特殊効果なし	特殊効果多すぎ！
その他の コメント	すべての俳優が上 手に演じている！と くに主演俳優	とくに小さい子ども 向けの映画	かなり古典的な映画	時間とお金の無駄 だった

[問題文の訳]例）どれが子どもにとって一番面白い映画なの？—『ペンギンがポチャン』だよ。　1）全体として、どれが一番よい映画なの？　2）どの映画が一番多くの特殊効果を使っているの？　3）『ペンギンがポチャン』は、『あなたがいてもいなくても』よりいい映画なの？　4）セリフはどの映画が一番つまらないの？

２０ 課

◇ *Vocabulaire*

1　1) un hôtel　2) 10　3) vingt-quatre heures sur vingt-quatre　4) Wi-Fi

[問題文の訳] 1) これは～の web ページです。　レストラン／ホテル／ショップ　2) 朝食の子ども料金はいくらですか？　3) 受付が開いている時間は？　7時から11時／10時から23時／24時間開いている　4) 無料のサービスはどれですか？　Wi-Fi ／パソコン／駐車場

2　1) un marché　2) un pont　3) une rue　4) une église　5) un parc　6) une place

◇ *Dialogue*

1) vrai　2) on ne sait pas　3) Elle a vu la ville sur Internet.

[ホテルの案内の訳]

ホテル ヴィクトール・オペラ　★★★

4.3／5　すばらしい　304 個の口コミ

設備とサービス　－ 無料 Wi-Fi ／－ レストラン／－ 客室清掃／－ エアコン／－ 受付 24 時間／－バー／－朝食サービス利用可／－新聞（ホールにて無料）／－パソコン貸し出し：1 日 5 ユーロ

駐車場　有料（1 晩 10 ユーロ）

[会話文の訳] マノン：どうだった、モロッコ旅行？ マクシム：すごくよかった。何枚か写真を見せるよ。さあ、これがマラケシュのジャマ・エル・フナ市場さ。たくさんの面白い店があったんだ。これが、シャウエンで… マノン：あ、その町知ってる、インターネットで動画を見たよ。

[会話文についての質問の訳] 1) マクシムは、彼のモロッコ旅行の写真を持っている。 正／誤／分からない 2) ジャマ・エル・フナ市場にはたくさんの人がいた。 正／誤／分からない 3) マノンはなぜシャウエンを知っている？ 彼女はその街を訪ねたことがある。／彼女はインターネットでその街を見たことがある。／彼女はその街の話を聞いたことがある。

◇ *Exercices*

❶ 1) C'était magnifique ! 2) Il y avait beaucoup de monde. 3) Il faisait très beau !

❷ 1) chaque 2) toute 3) tous 4) Certains 5) plusieurs 6) quelques

❸ 1) Nul ! Ça ne m'a pas plu. 2) Sur la Côte d'Azur. 3) Dimanche dernier.
4) Parce que c'était intéressant. 5) 15 euros. C'était cher !

[訳] 1) それどうだった？ ― ひどかった！ 気に入らなかったよ。 2) どこに行きましたか？ ― コート・ダジュールです。 3) いつ帰ってきたの？ ― このあいだの日曜だよ。 4) どうしてそれがよかったの？ ― 面白いから。 5) 入場、いくらだったの？ ― 15 ユーロ。高かった！

❹ 1) Six et sept font treize. / Six plus sept égale(nt) treize. 2) Vingt-quatre moins quinze égale(nt) neuf. 3) Sept fois trois égale(nt) vingt et un. 4) Trente-deux divisé par huit égale(nt) quatre. 5) Quatorze moins cinq plus deux égale(nt) onze.

◇ *À vous*

1) Il y avait beaucoup de monde ! Il faisait chaud. J'étais fatiguée. Mais c'était très beau !
2) Il faisait beau et il y avait des nuages blancs. C'était magnifique ! Il y avait plusieurs éléphants devant moi. / Plusieurs éléphants étaient devant moi !

[メモの訳] 1) ヴェルサイユ宮殿見学。たくさんの人たち！ 暑い。疲れた。でもすごくきれい！
2) ケニアのアンボセリ国立公園のサバンナに行った。天気が良くて白い雲がある。素晴らしい！ 目の前に何頭もの象！

著者紹介

根木昭英（ねぎ あきひで）：獨協大学外国語学部フランス語学科専任講師。東京大学大学院総合文化研究科博士課程単位取得退学、パリ第4大学フランス文学・比較文学研究科博士課程修了。博士（文学）。専門は20世紀フランス思想・文学。

野澤督（のざわ あつし）：大東文化大学外国語学部英語学科専任講師。NHKラジオ講座「まいにちフランス語」（入門編）講師（2018年）。レンヌ第2大学DEA課程修了、同大学博士課程満期退学。専門は19世紀フランス文学。主要著書：『コフレ─フランス語基礎単語集』（共著、朝日出版社）。

ヴェスィエール ジョルジュ（VEYSSIÈRE Georges）：獨協大学外国語学部フランス語学科専任講師。NHKラジオ講座「まいにちフランス語」（入門編）講師（2021年）。パリ第4大学でフランス中世文学、パリ第3大学でフランス語教授法の修士号取得。主要著書：『仏検4級・5級対応クラウンフランス語単語 入門』（三省堂）。

アクション！フランス語A1

2021年4月5日　印刷
2021年4月25日　発行

著者 ©　根木昭英
　　　　野澤督
　　　　ヴェスィエール ジョルジュ

発行者　　及川直志

印刷所　　研究社印刷株式会社

発行所　101-0052 東京都千代田区神田小川町3の24
電話 03-3291-7811(営業部)、7821(編集部)　　株式会社　白水社
www.hakusuisha.co.jp
乱丁・落丁本は送料小社負担にてお取り替えいたします。

振替 00190-5-33228　　Printed in Japan　　加瀬製本

ISBN 978-4-560-08900-2